Ute Rampillon

Aufgabentypologie
zum autonomen Lernen

Deutsch als Fremdsprache

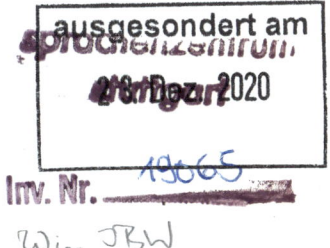

Max Hueber Verlag

E   3.   2.   1. | Die letzten Ziffern
2004 03 02 01 2000 | bezeichnen Zahl und Jahr des Druckes.
Alle Drucke dieser Auflage können, da unverändert,
nebeneinander benutzt werden.
1. Auflage
© 2000 Max Hueber Verlag, D-85737 Ismaning
Redaktion: Monika Bovermann, Heitersheim
Zeichnungen: Wiebke Stenner, Pullach
Layout: Kerstin Graf, München
Druck und Bindung: Druckerei Auer, Donauwörth
Printed in Germany
ISBN 3–19–001638–0

Teil 1 – Entwurf eines lerner- und progressionsorientierten Trainings von Lerntechniken und Lernstrategien

Teil 2 – Aufgabentypologie zum autonomen Lernen

Stufe 1   Lerntechniken kennen lernen

Stufe 2   Lerntechniken sammeln

Teil I

Entwurf eines lerner- und progressionsorientierten Trainings von Lerntechniken und Lernstrategien

Lerntechniken und Lernstrategien im Spannungsfeld zwischen Theorie und Praxis

Das Lernen des Lernens ist heute in aller Munde. Lehrwerk- und Lehrplanautorinnen und -autoren, Lehreraus- und -fortbildner/innen sowie Lehrkräfte interessieren sich genauso stark für Lernstrategien und Lerntechniken wie die Lernenden selber. Selbstgesteuertes und selbstverantwortetes Lernen wird gefordert; Lerntechniken und Lernstrategien werden in diesem Kontext thematisiert und die Lernenden werden als die „Subjekte" ihres Lernens verstanden, die – im Idealfall – autonom, auch über die Grenzen von Unterricht und Schule hinaus, ihr eigenes Lernen konstruieren, indem sie es planen, steuern und kontrollieren. Dabei zeigt sich, dass bei allen ein hoher Bedarf sowohl an Informationen, Übersichten und Systematiken zu Lerntechniken als auch an praktischen Umsetzungs- bzw. Anwendungsvorschlägen besteht. Aber erst einige Lehrwerke bieten dies derzeit systematisch an. Daher werden Orientierungen benötigt, um das prozedurale Lernen der Lernenden gezielt zu entwickeln.

Die inzwischen zahlreich vorliegenden Listen von Lernstrategien, die in der einschlägigen Fachliteratur nachzulesen sind, reichen dazu nicht aus. Auch ausgefeilte Kategorisierungen von Lerntechniken und Lernstrategien bieten hierfür lediglich eine Grundlage. Der Ruf nach einer strukturierten Sammlung von Aufgaben, nach einer „Übungstypologie" für die Vermittlung von Lerntechniken ist daher schon seit geraumer Zeit laut geworden (Tönshoff 1992, S. 308).

Die aktuelle Fachdiskussion, die nicht ausschließlich auf neuen Erkenntnissen beruht, sondern eher durch reformpädagogische Gedanken und in der Fachdidaktik des Fremdsprachenunterrichts insbesondere durch Disziplinen wie Psycholinguistik, Fremdsprachenerwerbsforschung, Sprachlehrforschung etc. initiiert wurde, stellt die Lernenden in den Mittelpunkt. Sie sind es, die letztlich für ihr Lernen entscheidend sind. Lehrerinnen und Lehrern kommt dabei vor allem eine unterstützende Funktion zu, in der sie informieren, beraten, fördern – sofern es von den Lernenden zugelassen bzw. gewünscht wird. Denn jede/r Lernende hat subjektive Handlungsgründe, sich auf eine ganz individuelle Weise auf Lernprozesse einzulassen. Diese können von außen kaum determiniert werden. Es ist vielmehr das persönliche Lebensinteresse der Lernenden, ihre „guten Gründe", die sie haben, sich den Lernanforderungen gegenüber so oder so zu verhalten (Holzkamp 1993,

S. 21 ff.). Widerstände und Beeinträchtigungen bei der Bewältigung von Lernaufgaben, aber auch diesbezügliche Erwartungen und Hoffnungen müssen allein vom lernenden Subjekt verarbeitet werden. Die Lernenden sind es, die (ganz im Sinne des Konstruktivismus die eigenen Lernsituationen interpretieren, sich eigene Ziele setzen und die Folgen ihrer Handlungen bewerten.

Die subjektorientierte Didaktik sowie konstruktivistische Erkenntnistheorien (z. B. Holzlamp 1993 oder Müller 1996) lehrt uns heute, dass Lernen nicht einfach dadurch von selbst in Gang kommt, dass von dritter Seite Lernanforderungen formuliert werden oder dass Lernen durch irgendwelche dafür zuständigen Instanzen über die Köpfe der Lernenden hinweg geplant wird. Denn Lernanforderungen sind nicht gleichzusetzen mit Lernhandlungen. Erst wenn die Lernenden eine Lernanforderung annehmen und sie auf individuelle Weise ihr Wissen konstruieren, kann Lernen stattfinden. Das setzt jedoch voraus, dass die Lernenden einsehen, dass es etwas für sie zu lernen gibt (Holzkamp, S. 184 f.), dass sie gute Gründe haben, sich auf den Lernprozess einzulassen. Viele dieser Lerngründe liegen in der Erhöhung der Lebensqualität, und die notwendigen Lernanstrengungen werden unter der Prämisse unternommen, dass sich im Fortgang des Lernprozesses Aufschlüsse über Bedeutungszusammenhänge und Handlungsmöglichkeiten ergeben, durch die eine Entfaltung der subjektiven Lebensqualität zu erwarten ist (Holzkamp, S. 190).

Bezogen auf das Lernen des Lernens können wir davon ausgehen, dass die Lernenden grundsätzlich ein intrinsisches Interesse daran haben zu erfahren, wie sie ihre Lernprozesse positiv beeinflussen können. Bei einer Befragung von 360 Schülerinnen und Schülern an deutschen Hauptschulen, Realschulen und Gymnasien ergab sich, dass 84,4 % der Befragten den Einsatz von Lernstrategien und Lerntechniken als wichtig erachteten (Rampillon 1986, S. 78). Dieselben Schülerinnen und Schüler sagten auch aus, dass sie Lerntechniken zum Teil auch selber erfänden, sich also Hilfen zum besseren Lernen selber herstellten. Diese Grundmotivation, über das Lernen nachzudenken, könnte uns Lehrkräfte zu der Annahme veranlassen, man brauche den Lernenden nunmehr lediglich Lerntechniken und Lernstrategien zu benennen und beschreiben, um sie zu erfolgreicherem Lernen zu führen. Manche Kolleginnen und Kollegen wurden jedoch rasch enttäuscht, als sie feststellen mussten, dass der Zuspruch seitens der Lernenden doch nicht so groß war wie erwartet.

Einen kleinen Eindruck geben die folgenden ausgewählten Schüleräußerungen aus einer anderen Schülerbefragung (Momberg 1996, S. 50) im Zusammenhang mit dem Führen einer Vokabelkartei, einer Lerntechnik, die diese Lernenden im Unterricht gerade kennen gelernt hatten.

Abb. 1: Schülerrückmeldungen zum Lernen mit Karteien

Trotz der herben Kritik dieser Schülerinnen und Schüler sollte man sich als Lehrkraft nicht verunsichern oder entmutigen lassen, gibt es doch eine Reihe von Erklärungen für die Standpunkte dieser Lernenden.

Lerntechniken sind keine Wundermittel, die stets eine unmittelbare Wirkung zeigen. Viele müssen in verschiedensten Lernsituationen erprobt werden können, um ihren Wert zu verdeutlichen. Auch hier geben uns Lernpsychologen interessante Hinweise und nennen als spezifisches Merkmal des Lernhandelns die transsituationale Permanenz. Damit ist gemeint, dass Lernen nicht schon stattgefunden hat, wenn in einer bestimmten Situation Änderungen der Leistung, der Einstellung etc. feststellbar sind. Erst wenn diese Änderungen über die spezifische Lernsituation, in der sie erworben wurden, hinaus erhalten bleiben und in einer nächsten einschlägigen Situation weitere Änderungsprozesse quasi darauf aufbauen können, dürfen wir von „Lernen" sprechen (Holzkamp 1993, S. 147). Für den Fremdsprachenunterricht bedeutet dies die wiederholte Bereitstellung von Lernsituationen, in denen die verschiedenen Lerntechniken immer wieder neu erprobt werden können.

Eine weitere lernpsychologische Einsicht spricht dafür, dass sich die Lernenden Lerntechniken und Lernstrategien in einem länger andauernden Prozess aneignen. Die Initialzündung durch die Darstellung und Bewusstmachung von Lerntechniken und Lernstrategien für Lernhandlungen durch die Lehrerinnen und Lehrer reicht alleine nicht aus. Sie wäre zu punktuell. Die Lehrkräfte müssen auch spätere Stadien des Lernprozesses bedenken, in denen es erst zu „qualitativen Lernsprüngen" kommen kann, also zu einer „plötzlichen Einsichtgewinnung", zu einem plötzlichen Verstehen, zu dem uns allen bekannten „Aha-Effekt", der sich auf Grund vielfältiger und längerfristiger Übungs- und Erprobungsmöglichkeiten ergeben kann.

Im Falle der o. a. Schülerrückmeldungen sollte der Lehrer die Lernenden zur wiederholten Erprobung und Übung des Lernens mit einer Vokabelkartei veranlassen. Sinnvollerweise sollten dabei auch unterschiedliche Aufgabenformen gewählt werden, die verschiedene Lernmuster (vgl. hierzu Kapitel 3) ansprechen. So könnten z. B. in einer kommunikativ orientierten Aufgabe diejenigen Schülerinnen und Schüler, die sich für das Lernen mit einer Kartei aussprechen, aufgefordert werden, ihre guten Gründe zu nennen, die sie für ihren Standpunkt haben. Andere Schülerinnen und Schüler, die eher zu abstrakten Darstellungen neigen, würden einen theoretischen Lesetext über den Wert von Karteien erhalten. Wieder andere – und zwar die eher haptisch orientierten – würden erst selber einmal eine Lernkartei basteln.

Das obige Beispiel der Schülermeinungen verdeutlicht ein Drittes:
Nicht alle Lerntechniken und Lernstrategien sind für alle Lernenden gleichermaßen geeignet. Deswegen ist es völlig legitim, wenn sich einige der Lernenden für bestimmte Lerntechniken, andere dagegen aussprechen. Diejenigen, die sich nicht mit einer Lernkartei anfreunden können, lernen ihre Vokabeln vielleicht viel lieber und besser mit dem PC, mit einer Tonkassette oder auch mit dem alten Vokabelheft. Die Auswahl der Lerntechniken ist eine ganz individuelle Sache. Wichtig ist aber, dass die Lernenden die Fülle der unterschiedlichen Lerntechniken erprobend kennen lernen, um erst danach begründet für sich entscheiden zu können, wie sie selber am liebsten vorgehen möchten.

Lehrerinnen und Lehrer müssen sich bewusst sein, dass sie, wenn sie solche „neuen Methoden" einführen, oftmals gegen Lerngewohnheiten arbeiten: Das betrifft sowohl die Leser als auch deren Umfeld, d. h. die Beeinflussung z. B. durch die Familie, Freunde, andere Lernende. Die traditionelle Lernkultur, wie sie in unserer Gesellschaft gesehen wird, besteht noch zu häufig in einem ausschließlich von den Lehrkräften gesteuerten Be-lehren, das in der Regel besonders die kognitiv orientierten Lernenden anspricht. Alle übrigen Lernenden mit anderen Lernmustern und auch deren Selbstständigkeit kommen dabei zu kurz.

Eine erfreuliche Ausnahme sind inzwischen diejenigen Schülerinnen und Schüler, die bereits vor Beginn des Deutschunterrichts weniger gesteuerte Formen des Lernens erfahren haben. Für sie ist es oft nicht so schwierig, selbstständig Lernaufgaben zu übernehmen und zu erfüllen. Lernende, die jedoch den lehrergesteuerten Fremdsprachenunterricht kennen gelernt haben und auf ihrem Lernweg, angefangen vom Lernen im Elternhaus über den Kindergarten bis hin zur weiterführenden Schule und ggf. Ausbildung, stets fremdgesteuert wurden, haben es nicht leicht umzudenken. Ihre Strategien, die sie sich für jene Form des Lernens zurechtgelegt hatten, geraten in Konflikt mit neuen Wegen des Lernens. Die folgenden Äußerungen von Lernenden verdeutlichen das in zutreffender Weise (Haudeck 1996, S. 423):

„Nein, ich habe diesen neuen Weg noch nicht ausprobiert. Nach dem alten System kann ich besser lernen. Ich finde den 3.Weg (gemeint: den lehrergesteuerten Weg, U.R.) am besten. Den ist man jetzt einfach schon gewöhnt, und eine alte Methode lässt sich nicht so einfach durch eine neue ersetzen.“

„Die Arbeitsblätter 1 und 2 fand ich nicht einmal so schlecht, aber ich finde, weil ich schon in der achten Klasse bin, könnte ich mich nicht mehr umgewöhnen, um so zu lernen. Wenn man das Beispiel gleich von der 5. Klasse an gemacht hätte, dann wäre es gut. Aber jetzt habe ich mich schon an die Lernweise des Beispiels 3 (gemeint: lehrergesteuert, U.R.) gewöhnt und kann mich nicht mehr umgewöhnen.“

Haudeck zeigt in ihrer Untersuchung, dass Lernende auf ihren Lernwegen beharren, selbst wenn ihnen bewusst ist, dass diese nicht immer sehr effektiv sind. Dabei ist es nicht alleine die Mühe des Umdenkens und der Neuorientierung an anderen Wegen, sondern es ist auch die Anstrengung der Entscheidung und die Übernahme von Verantwortung mit allen Konsequenzen, vor der manche Lernende zurückschrecken. War man es doch früher zumeist gewohnt, von Lehrerinnen oder Lehrern, von Eltern oder anderen gesagt zu bekommen, was wie zu tun war und wann. Autonom Lernende haben dagegen die Last der Entscheidung und der Verantwortung zu tragen und können sich nicht auf andere Instanzen berufen als auf sich selbst. In der Tat ein hoher Anspruch, der damit erhoben wird!

Bemerkenswert ist auch, dass insbesondere weniger erfolgreich Lernende, für die ein Strategietraining besonders sinnvoll und notwendig wäre, oft am wenigsten bereit sind neue Strategien auszuprobieren, weil sie sich den möglichen Lernerfolg nicht zutrauen (Tönshoff 1992, S. 314 f.). Das zeigt, wie bedeutungsvoll vorangegangene Lernerfahrungen sind und die damit zusammenhängenden Zuschreibungen, die wiederum Erfolgszuversicht oder Misserfolgsängstlichkeit nach sich ziehen können.

Die oben wiedergegebenen exemplarischen Schülerrückmeldungen zur Arbeit mit einer Vokabelkartei sprechen auch einen zeitökonomischen Aspekt an.

Das Herstellen der Lernkartei hat ja zunächst mit dem eigentlichen Lernen der Vokabeln wenig zu tun. Ihre Herstellung und Verwaltung scheint manchen vielleicht sogar umständlich und vertane Zeit zu sein. Dies ist es möglicherweise, sofern mit dem „Lernen" der Vokabeln lediglich das Lesen derselben gemeint ist. Das Urteil trifft vor allem dann zu, wenn das Lernen mit einer Lernkartei gar mit der Tatsache verglichen wird, dass viele Lernende von sich sagen, dass sie überhaupt keine Vokabeln lernten (Rampillon 1986, S. 75). Meint man aber das Verinnerlichen und lang anhaltende Einprägen der Vokabeln, dann lohnt es sich für viele Lernende zu prüfen, welches das wirksamere, angenehmere und nachhaltigere Lernen ist.

Diese kritische Meinung bezüglich der Zeitökonomie stößt auch rasch auf Sympathie bei manchen Lehrkräften, denen bei der Vermittlung von Lerntechniken bewusst wird, dass sie sich auf das Feld des prozeduralen Wissens begeben; ein Bereich, der komplementär zum deklarativen Wissen, zur Vermittlung der sprachlichen Kenntnisse und Fertigkeiten zu sehen ist. Das bedeutet, dass dort ein gewisser Anteil der Unterrichtszeit auf etwas verwandt wird, was nicht die angestrebte Sprachkompetenz selbst ist, sondern was diese erst vorbereitet und entstehen lässt. Dabei handelt es sich jedoch weder für die Lehrenden noch für die Lernenden um verlorene Zeit, denn die entstehende Lernkompetenz wird es erlauben, den Unterricht langfristig zu entlasten, indem vieles von den Lernenden selbstständig – und vielleicht sogar besser – gelernt werden kann. Letztlich werden sie einen möglichen Zeitverzug durch ihre autonome Lernfähigkeit wieder wettmachen.

Darüber hinaus erreichen die Lehrkräfte auch, dass die Lernenden beim häuslichen Lernen, also in einer Lernphase, die weitgehend unabhängig vom gesteuerten Unterricht ist, eine größere Sicherheit haben und – was ich für sehr bedeutsam halte – auch in ihrem Leben außerhalb des Unterrichts sehr wohl in der Lage sind, ihre Fremdsprachenkenntnisse selbstständig aufrechtzuerhalten, sie auszubauen oder vielleicht sogar beim Lernen einer weiteren Fremdsprache anzuwenden.

Für den Erfolg bei der Vermittlung von Lerntechniken ist es bedeutsam, ob die Lernenden langsam an das Thema herangeführt worden sind und sie selber dabei das Bedürfnis entdeckt haben, etwas mehr darüber wissen zu wollen. Erst wenn man selber gute Gründe hat, sich mit dem Thema des Lernens zu befassen, wird man auch die notwendige innere Voraussetzung für selbstständiges Lernen mitbringen. Vielleicht wäre es daher gut, z. B. einmal einen Fragebogen – ggf. unter Mitwirkung der Lernenden – zu entwickeln, mit dessen Hilfe man gemeinsam herausfinden könnte, welche unterschiedlichen Lerntechniken in der Klasse bereits angewandt werden. Das Ergebnis könnte sodann mit den Lernenden diskutiert werden, weitere Lerntechniken ließen sich ergänzen, andere relativieren oder gar ersetzen. Abschließend sollten die Lernenden jedoch für sich herausfinden, welche Lerntechniken sie neu kennen gelernt haben und welche sie künftig erproben bzw. benutzen möchten.

Fremdsprachenlehrerinnen und -lehrer verfügen oft nur über ein begrenztes Wissen um Lerntechniken und Lernstrategien. Autonomes Fremdsprachenlernen und alle damit zusammenhängenden Aspekte waren nur sehr selten Thema in ihrer Ausbildung und auch lange kaum Gegenstand von fremdsprachlichen Lehrwerken und Lehrerhandbüchern. Lerntechniken und Lernstrategien waren somit selten im Bewusstsein dieser Lehrkräfte. Es wurden den Lernenden daher bestenfalls ab und zu Tipps zum Lernen von Vokabeln, zum Führen eines Vokabelheftes oder zum Anfertigen von Notizen gegeben. Die Fülle weiterer, auch alternativer Lernverfahren gelangte jedoch nicht in den Fremdsprachenunterricht. So ist es nicht erstaunlich, dass die Lernenden der o.a. Schülerbefragung rückmeldeten, dass sie ihre lernstrategischen Kenntnisse vor allem durch andere Lernende, durch Eltern, Großeltern etc., durch Bücher erhalten hatten (Rampillon 1986, S. 75).

Zwar hat sich der Kenntnisstand der Lehrkräfte in den letzten zehn Jahren enorm verändert und Lehrerinnen und Lehrer sind heute generell bestrebt, autonomes Lernen zu fördern. Dennoch fehlt noch allzu oft eine Vorstellung über die Vielfalt der Möglichkeiten beim Fremdsprachenlernen und häufig gehen Lehrerinnen und Lehrer daher von den eigenen Lernstrategien aus, die sie den Lernenden empfehlen. Dabei übersehen sie leicht die Notwendigkeit der Auswahl und den Bezug zur jeweiligen Lernerindividualität. Außerdem geschieht die Vermittlung von Lerntechniken und Lernstrategien in der Regel punktuell und eher nach einem Zufallsprinzip. Eine systematische Vermittlung wird – so ihre Dringlichkeit überhaupt erkannt wird – oft mit dem Argument des Zeitmangels abgewiesen. Die folgende Aufgabensammlung will versuchen hier Abhilfe zu schaffen.

Da auch selbst in Lehrwerken der neuesten Generation Lerntechniken vor allem dann einen Platz finden, wenn sich ihre Einbindung in den bestehenden Rahmen der übrigen Inhalte einer Lektion realisieren lässt, werden sie eher willkürlich und nicht nach einem bestimmten Konzept behandelt. Das wiederum führt dazu, dass trotz aller Einsichten der gesamte Bereich des prozeduralen Lernens im Fremdsprachenunterricht in der Regel immer noch zu kurz kommt und ein vernachlässigter Aspekt des Fremdsprachenlernens bleibt.

Der progressive Aufbau von Lernkompetenz

Wie es bereits im vorangehenden Kapitel angedeutet wurde, setzt sich die vorliegende Aufgabentypologie[1] das Ziel, zur systematischen Integration von Lerntechniken und Lernstrategien in den fremdsprachlichen Lehrgang beizutragen, deren unterrichtliche Vermittlung zu erleichtern und damit letztlich die Lernkompetenz der Lernenden – auch über den Unterricht hinaus – zu fördern.

Diesem Ziel könnte man entgegenhalten, dass es derzeit bereits zur Genüge Übersichten über Lerntechniken und Lernstrategien gibt. Eine dieser Zusammenstellungen sehen Sie auf Seite 15.

Wie diese wollen auch alle übrigen Übersichten wichtige Lerntechniken und Lernstrategien in einer Kategorisierung darstellen, um damit zur Übersichtlichkeit beizutragen und um die unterschiedlichen Funktionen zu verdeutlichen, die Lerntechniken im Rahmen von Fremdsprachenlernprozessen übernehmen können. Sie bestimmen ihren didaktischen Ort, bieten eine Kategorisierung an und ermöglichen Lehrkräften so die Zuordnung weiterer Lerntechniken, die dort nicht erfasst wurden.

---

[1] Ich unterscheide im Folgenden zwischen „Aufgaben" und „Übungen" im Sinne Westhoffs: „Übung ist das, was der Lernende macht: die Lernaktivität. Das, was im Lehrbuch steht, ist die Aufgabe." (Westhoff 1991, S . 206 ff.)

sprachliche Kompetenzen	Lerntechniken, die	
	den Lernprozess vorbereiten	**den Lernprozess steuern**
Wortschatz	Erschließen der Bedeutung mit Hilfe - der Muttersprache - der Zielsprache - weiterer Fremdsprachen - internationaler Fremdwörter - des Kontextes Benutzung eines Wörterbuchs	Vokabelheft/Vokabelkartei führen Vokabelwissen aufbauen Fehlerstatistik führen Übungen durchführen - Reihengliederung - Klassifizierung - Ablaufgliederung - Assoziationsübung
Grammatik	grammatische Nachschlagewerke benutzen Aufbau der eigenen Grammatik kennen Stichwortverzeichnis benutzen Visualisierungstechniken benutzen	Herleiten von Grammatikregeln Regelwissen aufbauen Grammatikheft führen Präsentationstechniken Führen einer Fehlerstatistik
Hören	Segmentieren sequentielles Kombinieren erschließendes Hören *pre-questions/* *information search* *note-taking practice*	*note-making practice*
Lesen	*skimming* *scanning* Murder Schema erschließendes Lesen *pre-questions* *note-taking practice* SQ3R Methode	Auswendiglernen Systematisieren des Textes Benutzung von Nachschlage- werken *note-making practice*
Sprechen	Auswendiglernen - Vor-sich-Hinsprechen - Nachsprechen - Mitsprechen - *read&look up* - *overlearning* - stiller Monolog - Lokalisierungsmethode - *backward-build-up-technique* - Vorstellungsbilder Nachschlagewerke benutzen	*note-making practice*
Schreiben	Abschreiben *note-taking* - schnelles Notieren - Abkürzungen - Zeichen u. Symbole	*note-making practice* Kontroll-Lesen Fehlerstatistik führen Wörterbuch benutzen grammatisches Nachschlagewerk benutzen

Was bei einer derartigen Übersicht notwendigerweise fehlt, sind Hinweise auf eine Progression bei der Vermittlung der Lerntechniken und Lernstrategien im Unterricht. Damit ergibt sich für Lehrerinnen und Lehrer eine Fülle von Fragen, zum Beispiel die folgenden:

- Gibt es schwierigere und leichtere Lerntechniken?
- Müssen bestimmte Lerntechniken vor anderen vermittelt werden, um nachhaltig wirksam sein zu können?
- Wie viele Lerntechniken sollten eigentlich vermittelt werden?
- Sind alle Lerntechniken für alle Lernenden geeignet?
- In welcher Weise sollten Lerntechniken und Lernstrategien sinnvoll trainiert werden?

Die vorliegende Aufgabentypologie will versuchen, auf diese unterrichtsbezogenen Fragestellungen einige Antworten zu geben, wohl wissend, dass die endgültige Entscheidung letztendlich nur vor Ort und angesichts der konkreten Lern- und Lehrsituation getroffen werden kann. Damit bietet sie für die Unterrichtspraxis, d. h. Fremdsprachenlehrerinnen und -lehrern, aber auch für Autorinnen und Autoren von Lehr- und Lernmaterialien und Schulbüchern eine Fundgrube von Anregungen.

Eine Progression zum selbstständigen Lernen

Wenn man von einer Progression spricht, dann verbindet man damit das allmähliche Anwachsen einer Kompetenz. Aufgaben, die dazu systematisch beitragen sollen, werden üblicherweise in einer Typologie zusammengestellt. Für die Entwicklung der kommunikativen Kompetenz liegen hierfür genügend Beispiele in der Fachliteratur vor.[1] Im Zusammenhang mit der Entwicklung der Lernkompetenz der Lernenden scheint mir der Begriff der Typologie jedoch nicht ganz unproblematisch zu sein. Das möchte ich im Folgenden ausführen.

---

[1]   vgl. hierzu etwa: Peter Doyé 1988 oder Bundesarbeitsgemeinschaft Englisch an Gesamtschulen (Hrsg.) [2]1996 oder Ulrich Häussermann; Hans-Eberhard Piepho 1996.

Die Grenzen einer Aufgabentypologie

Von einer Aufgabentypologie erhofft man sich, dass sie beinahe automatisch zu den Lernzielen hinführt, denen sie zugeordnet wird, und erwartet eine Sortiertheit, die wissenschaftlich begründet, überschaubar und eindeutig ist (Schwerdtfeger 1995, S. 224). Ihre innere Logik, die Merkmale aus den verschiedenen Forschungsdisziplinen, wie z.B. der Lernpsychologie, der Psycholinguistik, der Sprachlehrforschung, enthalten soll, muss dabei eine Zwangsläufigkeit ergeben. Diesen Forderungen kann die folgende Aufgabentypologie nicht entsprechen. Das begründe ich wie folgt:

1. Die Erforschung des Lernens im Allgemeinen und des Lernenlernens im Besonderen ist derzeit noch nicht zu so abgesicherten Ergebnissen gelangt, dass eine solche Stringenz möglich wäre.

2. Von den Kenntnissen, über die wir verfügen, und von unserem heutigen Verständnis von Schule und Unterricht ausgehend ist es nicht mehr vorstellbar, Lernprozesse mit Abläufen in einem Computersystem zu vergleichen, bei dem ein bestimmter Input zu einem ganz spezifischen Output führt. Gerade weil wir heute für eine Subjektorientierung beim Lernen, für die Öffnung des Lernens, für die Individualisierung von Lernprozessen eintreten, ist Subjektivität eines der vorrangigen Prinzipien – auch beim Lernen fremder Sprachen. Eine scheinbar objektive Zusammenstellung von Aufgabentypen und die oben angesprochene Zwangsläufigkeit könnten dem zuwiderlaufen. Der Benutzer oder die Benutzerin dieser Aufgabentypologie sollte daher stets die Individualität von Lern- und Übungsprozessen bedenken und die vorgeschlagenen Aufgabentypen möglichst im Rahmen offener Lernsituationen anbieten, anstatt sie im Frontalunterricht zu einsträngigen Lernabläufen zu benutzen.

3. Die Anzahl der Lerntechniken und Lernstrategien und damit der Aufgaben dieser Typologie, die beim Fremdsprachenlernen eingesetzt werden können, ist keine festgelegte Größe. Sie variiert vielmehr je nach Fantasie der Lernenden und ihren individuellen Lerngewohnheiten, ihren Lernstilen und Lernerfahrungen. Manche konzentrieren sich auf wenige Lerntechniken, die sie bisher erfolgreich einsetzen konnten, andere erfinden selbstständig immer neue Lerntechniken hinzu, um ihr Lernen zu optimieren. Auch die Unterschiedlichkeit der jeweiligen Lehrsituationen, abhängig z.B. von der Ausstattung des Klassenraumes, der Lernumgebung, der Kreativität des Lehrers oder der Lehrerin, weist auf die notwendige Offenheit der Aufgabentypologie hin. Damit wird es jedoch unmöglich, den oft im engen Sinne mit einer Typologie verbundenen Erwartungen entgegenzukommen.

4. Eine Aufgabentypologie, die Lernziele und Aufgabentypen miteinander verbindet, suggeriert einen Automatismus und eine Eingleisigkeit, die der Komplexität des Fremdsprachenlernens und der dafür notwendigen Flexibilität beim Vorgehen nur schwer entspricht. Vielmehr wirken mindestens alle in der folgenden Abbildung genannten Faktoren miteinander auf den Lernprozess ein, beeinflussen einander und bedingen weitgehend seinen Erfolg bzw. Misserfolg.

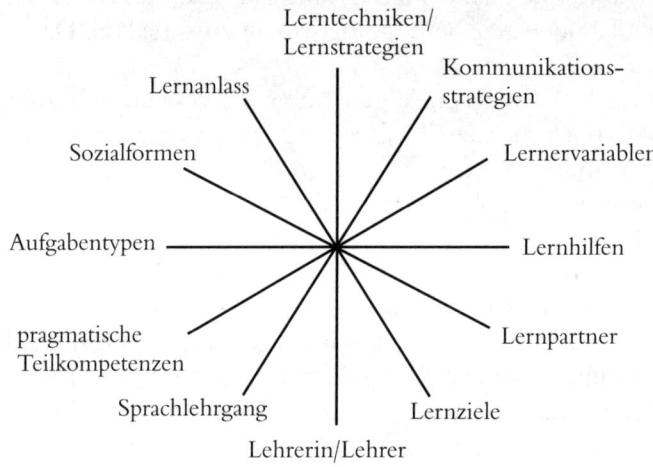

Abb. 2: Einflussfaktoren im Lehr-/Lernprozess

Vielleicht ist es aus allen diesen Gründen kein Zufall, wenn Schwerdtfeger noch 1995 feststellte: „Seit geraumer Zeit sind hierzu (gemeint sind Typologien, U. R.) keine Veröffentlichungen, die eine breite Diskussion angeregt haben, erschienen." (Schwerdtfeger 1995, S. 224)

Trotz der Grenzen, die mit dem Begriff der Aufgabentypologie verbunden sind, wird dieser im Folgenden durchgängig benutzt, da er zu den Alltagstheorien und -terminologien von Lehrkräften bzw. Autorinnen und Autoren von Lehrplänen und Lehr-/Lernmaterialien gehört. Leserinnen und Leser dieses Buches werden durch die Benutzung dieses Begriffes sofort sein Anliegen verstehen und bei seiner Umsetzung in die Unterrichtspraxis vielleicht die oben angesprochenen terminologischen Einschränkungen „im Hinterkopf" behalten.

Die terminologischen Vorbehalte schmälern jedoch nicht das Anliegen, das mit einer Aufgabentypologie verbunden ist und das darin besteht, eine übersichtliche, systematische Sammlung möglicher Aufgaben vorzulegen, die Lehrkräfte bei der Vermittlung von Lerntechniken nutzen könnten. Zeigt es sich doch in Diskussionen mit Lehrerinnen und Lehrern immer wieder, dass es nicht ganz leicht ist, die Lehrerperspektive für kurze Zeit beiseite zu schieben oder sie um die Lernerperspektive zu ergänzen. Auf Grund von Lehrtraditionen fällt es oft schwer, sich die Lernersicht bewusst zu machen, sie konsequent zu verfolgen und dabei auch noch verschiedene Lernertypen zu berücksichtigen, unterschiedliche Lernwege zu fördern, verschiedenartige Lernmaterialien bereitzuhalten, unterschiedliche Lernzeiten zu akzeptieren, unterschiedlichen Lerninteressen der Lernenden zu entsprechen und alternative Lerntechniken aufzuzeigen. Eine geeignete Aufgabentypologie könnte und müsste dazu beitragen, diese vielfältigen Aspekte zu unterstützen.

Bei einer derartigen Aufgabentypologie ergibt sich – je größer sie wird – die Notwendigkeit des Ordnens, um ihre Übersichtlichkeit und Handhabbarkeit zu gewährleisten. Daher gilt es, Kategorien zu finden, die sich einerseits voneinander unterscheiden und andererseits einander ergänzen, sich also zu einem gemeinsamen System synergetisch zusammenfügen.

Dabei sollten die gefundenen Kategorien so aufeinander aufbauen, dass durch ihre Abfolge im Unterricht die Lernkompetenz der Lernenden immer größer wird. Dieses sollte nicht im Sinne einer additiven Zunahme der erlernten Techniken und Strategien verstanden werden, sondern in qualitativer Hinsicht als zunehmende Fähigkeit, diese unter ständiger Zurücknahme durch den Lehrer oder die Lehrerin immer selbstständiger einzusetzen. Die Verarbeitungstiefe, d. h. die Verinnerlichung erworbener Strategien, wie auch der Selbstständigkeitsgrad im Lernprozess nehmen dabei zu. Analog zur schrittweisen Vermittlung einer kommunikativen Kompetenz und dem damit verbundenen deklarativen Wissen und Können wird hier vorgeschlagen auch die Lernkompetenz, also das prozedurale Wissen und Können, stufenweise aufzubauen.

Bei den Überlegungen zur folgenden Aufgabentypologie gehe ich von mehreren Prämissen aus, die seitens der Forschung noch nicht abschließend belegt wurden, die jedoch in der Unterrichtspraxis und in der Fachliteratur als zulässig angesehen werden (Tönshoff 1992, S. 298 ff.):

- Die Bewusstmachung von Lerntechniken fördert die Lernprozesse und die Lernkompetenz der Lernenden.
- Die Vermittlung von Lerntechniken und Lernstrategien trägt zur dauerhaften Verbesserung der fremdsprachlichen Lernleistungen bei.
- Die Vermittlung von Lerntechniken und Lernstrategien stellt einen Beitrag zur Entwicklung von Selbstständigkeit und Emanzipation der Lernenden dar.
- Lerntechniken und Lernstrategien sind lernbar.
- Lerntechniken und Lernstrategien sind vermittelbar.

Verarbeitungstiefe und Selbstständigkeitsgrad

Die vorliegende Aufgabentypologie versteht sich als Steinbruch, aus dem Lehrer und Lehrerinnen diejenigen Anregungen holen, die für ihre jeweiligen unterrichtlichen Ziele geeignet sein können. Es wäre ein Missverständnis, wollte man die verschiedenen Progressionsstufen etwa bestimmten Lernjahren zuordnen. Es ist vielmehr so, dass alle Stufen – bezogen auf eine spezifische Lerntechnik – bereits in den ersten Lernjahren durchlaufen werden sollten.

Beispiel: Das Lernen von Vokabeln mit Hilfe eines Vokabelheftes
sollte als Lerntechnik nicht nur kennen gelernt, sondern in
anschließenden Übungsphasen auch erprobt werden.
Danach sollte diese Art des Lernens evaluiert werden.

Aus dem oben Gesagten wird deutlich, dass in dieser Aufgabentypologie zwei Orientierungsrichtungen ausgewiesen werden: Zum einen geht es darum, eine Progression aufzudecken, aus der hervorgeht, mit welcher Verarbeitungstiefe sich die Lernenden die einzelnen Lerntechniken zu eigen machen sollen, und zum anderen, wie autonom ihre Handhabung der Lerntechniken und Lernstrategien ist. Der Weg führt die Lernenden vom Kennenlernen bzw. Sich-bewusst-werden von Lerntechniken über das Sammeln, Vergleichen und Ordnen, über das Experimentieren und Erproben zum Evaluieren derselben. Damit wird bereits zum Ausdruck gebracht, dass es nicht bei einer einmaligen Benennung einer Lerntechnik oder ihrer einmaligen Darstellung bleiben darf. Dieses würde zu kurz greifen und kaum den Lernprozess beeinflussen.

Bei der Festlegung der Progressionsstufen ist mir bewusst, dass man sie auch noch differenzierter hätte ausweisen können. So wäre z. B. auch eine Stufe zum Speichern von Wissen über Lerntechniken denkbar gewesen. Aufgaben einer solchen Rubrik hätten jedoch bei den Lernenden – vom lerntheoretischen Ansatz her – weniger zum Lernen durch Einsicht geführt, sondern eher zum Lernen durch Automatisierung, was mit den Zielen von autonomen Lernenden kaum in Einklang zu bringen wäre. Eine andere denkbare Stufe wäre die des begründeten Auswählens von Lerntechniken gewesen. Sie ist jedoch implizit in der Stufe des Evaluierens enthalten und daher verzichtbar. Eine weitere mögliche Stufe in der Progression wäre die, auf der die Lernenden eigene Lerntechniken erfinden (Konstruktion). Diese ist jedoch abhängig von ihren bereits vorhandenen Lernerfahrungen und ihrer Fantasie und ist daher hier kaum greifbar.

Bei einer derart systematischen Vermittlung von Lerntechniken und Lernstrategien darf die berechtigte Warnung von Haudeck (1998, S. 351) nicht übersehen werden:

„Wenn Personen, die den Lernprozess mit begleiten, am Dogma der Instruktion festhalten, so werden sie Lernstrategien formal lehren, vergleichbar dem formalen Grammatikunterricht. So wie das explizite Unterrichten von Grammatikregeln jedoch keineswegs garantiert, dass sich Schüler grammatikalisch korrekt in der Zielsprache äußern können, wird explizites Lehren von Strategien und Techniken nicht zwangsläufig zu einer erfolgreichen Strategieanwendung aufseiten der Schüler führen."

Daher geht es darum, durch diese Aufgabentypologie dreierlei zu bewirken: Als Erstes muss erreicht werden, dass die Lernenden überhaupt eine *learning awareness* entwickeln, dass sie sich der lernstrategischen Dimension überhaupt bewusst werden. Darüber hinaus ist es notwendig, dass ihnen eine Vielzahl unterschiedlicher Lerntechniken und Lernstrategien bekannt ist, damit sie souverän die für die jeweilige Lernaufgabe und für ihre persönlichen Lernvorlieben passenden auswählen können. Schließlich müssen sie ihre Funktionen, die damit verbundenen Lernchancen, aber auch die Grenzen von Lerntechniken und Lernstrategien erkennen und letztlich autonom über die Sinnhaftigkeit ihres Einsatzes von Lernsituation zu Lernsituation neu entscheiden.

Die genannten Progressionsstufen sollen nun im Folgenden einzeln skizziert werden, wobei ihre jeweiligen Ziele beschrieben und weitere didaktische Überlegungen angefügt werden.

Stufe 1: Aufgaben, bei denen die Lernenden Techniken zum selbstgesteuerten Lernen kennen lernen bzw. sich ihrer bewusst werden

Aufgaben dieser Kategorie veranlassen die Lernenden, verschiedene Lerntechniken überhaupt einmal wahrzunehmen und sie sich bewusst zu machen. Dazu können sie angeleitet werden, sich an bestimmte Lerntechniken wieder zu erinnern und sie wiederzuerkennen, da sie diese – meist unbewusst – bereits eingesetzt haben.

Die Lernenden können durch die Aufgaben auch veranlasst werden, ihnen bisher noch unbekannte Lerntechniken wahrzunehmen. Diese Aufgaben führen die Lernenden also über das *blind training* hinaus und vermitteln ihnen Lerntechniken als einen „merk-würdigen" Lerngegenstand. Da auf dieser Stufe eine metakognitive Reflexion lediglich vorbereitet werden soll, werden den Lernenden hier noch keine Fragen über ihr Lernen gestellt, die Begründungen und Erklärungen zu den jeweiligen Lerntechniken erfordern. Aus dem gleichen Grunde wird auch darauf verzichtet, selbstständige Ergänzungen von Lerntechniken durch die Lernenden vorzusehen.

Beipiele

Auswahl-, Ankreuz-Aufgaben

- Lernziel: *Visualisierungstechniken auswählen*
  Die Lernenden sollen in einem Lesetext einen bestimmten inhaltlichen oder sprachlichen Aspekt markieren. Sie erhalten zwei bis drei verschiedene Vorschläge zum Markieren, bezogen auf die Markierungsformen (z. B. unterstreichen) und/oder auf Markierungsinstrumente (z. B. Leuchtstift), und entscheiden sich für eine Möglichkeit.

- Lernziel: *Grammatikregeln herausfinden*
  Zwei bis drei unterschiedliche Formulierungen einer Grammatikregel zu einer bestimmten Struktur werden nebeneinander angeboten. Die Lernenden wählen diejenige aus, die nach ihrer Einschätzung am treffendsten ist und für ihr persönliches Lernen besonders geeignet zu sein scheint.

- Lernziel: *Sich für eine oder mehrere Lernhilfen entscheiden*
  Die Lernenden bekommen einen Lesetext, in dem einige unbekannte Wörter enthalten sind, sowie die folgende Auswahlliste von Lernhilfen, um die Bedeutung der Wörter herauszufinden:

Wörterbuch	Grammatikheft
Übungsbuch	Lehrerin/Lehrer
Kontext	PC
Hausheft	Freund/Klassenkamerad
Grammatik	Merkzettel

  Sie wählen eine bis drei dieser Lernhilfen aus und kennzeichnen durch Ziffern in den Kästchen die Reihenfolge, in der sie sie einsetzen würden.

Zuordnungsaufgaben

- Lernziel: *Bestimmten Hörzielen Techniken zum Hörverstehen zuordnen*

  Was passt zusammen? Verbinden Sie die Hörziele mit den passenden Hörtechniken, indem Sie Ziffern und Buchstaben einander zuordnen.

Was Sie hören und verstehen möchten:

1 einen ersten Überblick über die Textaussagen gewinnen

2 detailliertes Verstehen des Textes

3 etwas Bestimmtes aus dem Text heraushören

4 Unbekanntes verstehen

Wie Sie vorgehen können:

A den Kontext nutzen

B auf Abschnitte, stimmliche Hervorhebungen im Text, Hintergrundgeräusche achten

C auf jedes Wort achten

D bestimmte Schlüsselwörter, die Struktur des Textes etc. nutzen

1	2	3	4

Stufe 2: Aufgaben, bei denen die Lernenden Lerntechniken sammeln, vergleichen und ordnen und dabei das selbstgesteuerte Lernen vorbereiten

In dieser Gruppe von Aufgaben geht es darum, dass die Lernenden über ihr Lernen nachdenken und aktiv verschiedene Lerntechniken zu einem gleichen Lernziel benennen, ihre Funktionen erkennen und diese beschreiben. Dazu geben sie Erläuterungen für bestimmte Lernwege und Lernverfahren, vergleichen sie diese miteinander oder bringen sie in eine bestimmte Reihenfolge. Auf diese Weise lernen sie, ausgewählte Lerntechniken zu einer Lernstrategie zusammenzufügen.

Eine andere Möglichkeit des Ordnens kann darin bestehen, Lerntechniken in hierarchischer Hinsicht zu systematisieren. Die Lernenden stellen auch ihre eigenen Lernerfahrungen dar und reflektieren ihr prozedurales Wissen und Können. Darüber hinaus gehen sie aber auch von Vorlagen, Modellen und Demonstrationen strategischen Lernens aus und transferieren ihre Beobachtungen auf andere, ähnliche Lernanlässe.

Bei allen Aufgaben dieser Stufe können die Lernenden zu Erläuterungen, Begründungen und Erklärungen ihrer Funktionen und ihrer Einsatzmöglichkeiten veranlasst werden. Sie ergänzen auf diese Weise ihr strategisches Wissen und bereiten so ihr selbstgesteuertes Lernen vor.

Beispiele
Ergänzungsaufgaben

- Lernziel: *Mögliche Lerntechniken für das Erreichen eines bestimmten Lernzieles nennen*
  „Wie gehen Sie beim Lernen vor? Nennen Sie mehrere unterschiedliche Lerntechniken, die Sie anwenden.
  Beim Korrekturlesen achte ich auf ...
  Zur Vorbereitung einer freien Schreibaufgabe mache ich ...
  Bei einer Hörübung in der Fremdsprache überlege ich zuerst, ...“

- Lernziel: *Die Funktion verschiedener Lernhilfen benennen*
  „Es gibt verschiedene Lernhilfen zum Fremdsprachenlernen. Sie werden zu unterschiedlichen Zwecken eingesetzt. Wozu dienen nach Ihrer Erfahrung die folgenden Lernhilfen?“

Lernhilfe	Wozu sie dienen kann

* Lernziel: *Möglichkeiten herausfinden, sich auf einen Test vorzubereiten*
  „Finden Sie heraus, wie andere vor einem Test etwas wiederholen. Nutzen Sie möglichst viele W-Fragen, wenn Sie danach fragen. Sammeln Sie dabei so viele verschiedene Lerntechniken wie möglich.

  Was machen Sie, wenn Sie vor einem Test den Lernstoff wiederholen wollen?

  Wie ...

  Warum ...

  W... "

Retrospektive Selbstbeobachtung

• Lernziel: *Lesetechniken notieren*

„Lesen Sie einen Text durch. Erinnern Sie sich anschließend daran, wie Sie beim Lesen vorgegangen sind. Notieren Sie alle Verfahren, auch die kleineren Schritte, an die Sie sich erinnern können."

Sammeln und Ordnen

• Lernziel: *Lerntechniken zum Vokabellernen assoziativ zusammenstellen*

„Welche Lerntechniken zum Vokabellernen kennen Sie? Notieren Sie so viele Ideen wie möglich und versuchen Sie, diese nach selbst gewählten Schwerpunkten zu ordnen."

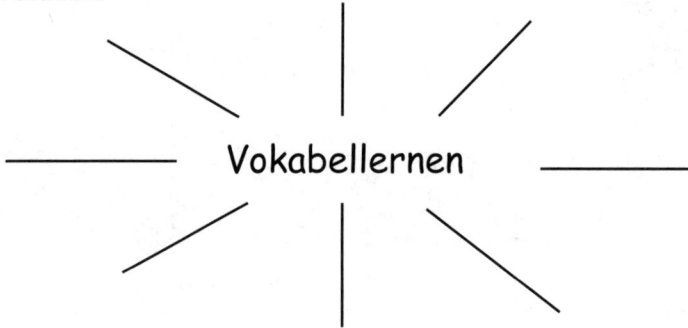

Stufe 3: **Aufgaben, bei denen die Lernenden mit Lerntechniken experimentieren, ihren Einsatz trainieren, ihre Nützlichkeit bewerten und selbstgesteuertes Lernen erproben**

Aufgaben dieser Kategorie führen die Lernenden dazu, selbstständiges Lernen zu trainieren und damit zu experimentieren. Dazu machen sie verschiedene Schritte:

• bewusste Planung des Lernprozesses (hier jedoch noch mit Anleitung durch den Lehrer bzw. die Lehrerin oder durch die Aufgabe) unter Anwendung von Lerntechniken,
• Durchführung dieses Lernplanes,
• Vergleich der erreichten Ergebnisse mit der eigenen Lernabsicht und Überprüfung des Lernerfolgs,
• Bewertung des Nutzens der eingesetzten Lerntechniken für den persönlichen Lernprozess.

Beispiele

Darstellung von Lerntechniken in einem Schaubild

- Lernziel: *Schritte beim Nachschlagen in einer Grammatik zusammenstellen*

  „Beim Nachschlagen in einem Wörterbuch benutzt man oft die folgenden Schritte:

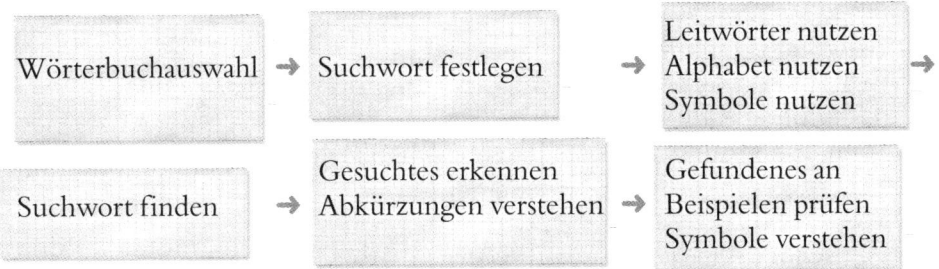

  Wie würden Sie beim Nachschlagen in einer Grammatik vorgehen? Notieren Sie die einzelnen Schritte, die Sie gehen würden."

- Lernziel: *Einen Lernplan erstellen*

  „Sie sollen in dieser Aufgabe einen Text so gründlich durchlesen, dass Sie später Fragen über ihn beantworten können. Machen Sie sich zuvor einen genauen Lern- bzw. Leseplan. In welchen Schritten gehen Sie vor?

  1. Schritt: **Bereitlegen des Textes**
  2. Schritt: ...
  3. Schritt: ...

  ...

  Lesen Sie nun den Text durch und versuchen Sie gleichzeitig zu registrieren, wie Sie dabei vorgehen. Vergleichen Sie Ihre Beobachtungen mit Ihrem Leseplan. Sind Sie mit Ihrem Vorgehen zufrieden oder würden Sie bei einer erneuten Planung etwas verändern? Wenn ja, was?"

- Lernziel: *Ein Lerntagebuch führen*

  „Zur Weiterentwicklung Ihres Wissens über das eigene Lernen können Sie ein persönliches Lerntagebuch schreiben. Hier können Sie alles notieren, was Ihnen zu Ihrem Lernen einfällt, wie es Ihnen gefällt, welche Lernprobleme es gibt, welche Erfahrungen Sie gemacht haben etc.

- Was mir beim Lernen besonders leicht fällt: ...
- Wo ich immer wieder auf Schwierigkeiten beim Lernen stoße: ...
- Was ich tun will, wenn ich Lernprobleme abbauen möchte: ..."

Angeleitete metakognitive Reflexion

- Lernziel: *Lerntechniken zur Textproduktion zusammenstellen und ihren Nutzen überprüfen*

  „Sie möchten einen Brief an ein Hotel schreiben, um ein Zimmer zu reservieren. Überlegen Sie zuerst, was Sie im Einzelnen schreiben und wie Sie beim Verfassen des Textes vorgehen wollen.

  Beantworten Sie nach Bearbeitung der Aufgabe folgende Fragen:

- Wie bin ich beim Schreiben des Briefes vorgegangen?
- Was hätte ich tun können, um ihn noch besser zu schreiben?
- Wie werde ich künftig beim Schreiben eines Briefes vorgehen?"

- Lernziel: *Neue Lerntechniken selbstständig erproben*

  „Zum Auswendiglernen fremdsprachlicher Texte gibt es verschiedene Lerntechniken. Ergänzen Sie die begonnene Liste.

  ▪ satzweises Einprägen
  ▪ halblaut lesen und sich einprägen
  ▪ ...

  Kreuzen Sie nun diejenigen Lerntechniken an, die Sie noch nie oder nur selten eingesetzt haben, und probieren Sie diese einmal aus. Machen Sie sich danach einige Notizen über Ihr Lernen: Was war besonders förderlich, was besonders hinderlich beim Einsatz dieser Lerntechniken?"

förderlich	hinderlich

Stufe 4: Aufgaben, bei denen die Lernenden selbstständig lernen

Aufgaben dieser Kategorie erübrigen sich eigentlich als Trainingsanlass in dieser Aufgabentypologie, da sie nicht mehr dazu zu führen brauchen, Lerntechniken lernen zu lassen, wie in den Stufen 1–3. Daher wird auf die Stufe 4 in der folgenden Aufgabentypologie verzichtet. Diese Aufgaben verlangen nur noch, dass Lerntechniken eingesetzt werden. Vorlagen, Modelle oder Beispiele entfallen hier. Stattdessen werden bestenfalls noch kurze erinnernde Hinweise auf Lerntechniken gegeben. Auch allgemein gehaltene und übertragbare Anregungen zum Umgang mit Sprachlernaufgaben sind denkbar. Sie können z. B. die folgenden Frageimpulse enthalten:

- Was will ich lernen? Wozu will ich es lernen? Wie gehe ich vor?
- Was habe ich gelernt? Wie war mein Lernerfolg? Wie beurteile ich die von mir angewandten Lernverfahren?
- Was möchte ich noch besser können? Welches ist mein nächster Lernschritt? Wie will ich ihn machen?

Auf Grund dieses Dreierschrittes werden die Lernenden angehalten, selbstständig ihre Lerntechniken in den persönlichen Lernprozess zu integrieren.

Beispiele
- Lernziel: *Lerntechniken zum Hörverstehen einsetzen*
  „Hören Sie sich eine Kurzgeschichte von der Kassette an. Legen Sie zuvor Ihr Hörziel fest: Worauf wollen Sie besonders achten? Planen Sie Ihre Lern- und Arbeitsschritte zum Hören. Besprechen Sie Ihren Plan mit anderen Lernenden und verändern Sie ihn danach eventuell. Hören Sie sich dann den Text an und überprüfen Sie danach, ob Sie Ihr Hörziel zufriedenstellend erreicht haben. Entscheiden Sie, ob – und wenn ja, wie – Sie weiterlernen wollen."

- Lernziel: *Selbstständiges Wiederholen einer Lehrbuchlektion*
  „Wiederholen Sie die Lektion XY aus Ihrem Lehrbuch. Legen Sie Ihren Arbeitsschwerpunkt fest, wählen Sie überlegt geeignete Lerntechniken aus und überprüfen Sie zum Schluss den Erfolg Ihrer Wiederholung."

Die vorgeschlagene Progression mit ihren vier Stufen lässt sich in zwei Großgruppen unterteilen:

Stufe 1 – Stufe 2:   Ein Hauptziel dieser Aufgaben ist es, dass die Lernenden lernstrategisches Wissen aufbauen.

Stufe 3 – Stufe 4:   Hier geht es darum, das lernstrategische Können der Lernenden zu entwickeln und zu fördern.

Die Stufe 4 spielt dabei eine besondere Rolle. Hier werden die Lernenden nicht mehr aufgefordert, diese oder jene Lerntechnik auszuwählen oder ihr Funktionieren zu erkunden. Sie sind vielmehr gefordert, bei jeder Aufgabe von sich aus initiativ zu werden und sich zu fragen, welche Lerntechniken sie zu deren Bewältigung einsetzen wollen. In der Regel finden die Lernenden daher auch keine ausführlichen lernstrategischen Hinweise mehr. Damit kann jede beliebige Aufgabe aus dem Deutschbuch dazu dienen das selbstständige Lernen zu aktivieren, nunmehr jedoch nicht als *blind training*, sondern als reflektiertes und selbstbestimmtes Lernen. Voraussetzung ist jedoch, dass die Lernenden zuvor die anderen drei Stufen durchlaufen haben.

Nun mag man sich als Leser fragen: „Haben denn Lernende früher nicht auch ohne Lerntechniken Fremdsprachen gelernt? Ist es denn überhaupt notwendig, die verschiedenen Stufen zu durchlaufen, wenn die Endstufe ohnehin die Ausgangssituation darstellt?" Der Unterschied liegt in einer anderen Qualität der Lernkompetenz der Lernenden. Die Fülle der Sprachlernaufgaben, die in fremdsprachlichen Lehrwerken enthalten sind, wird von Lernenden, deren Lernkompetenz nicht systematisch entwickelt wurde, in Form eines *blind training* bearbeitet. Das bedeutet, dass sie möglicherweise irgendwelche Lerntechniken anwenden, dieses jedoch unreflektiert tun. Durch Untersuchungen wissen wir aber, dass die Auswahl und die Handhabung von Lerntechniken durch die Lernenden oftmals in einer Weise geschieht, die lernhinderlich sein kann (Rampillon 1986, S. 73 ff.). Die Reflexion über den eigenen Lernprozess kann daher zu Beginn der Ausbildung der eigenen Lernkompetenz nützlich sein. Die Lernenden können z. B. durch Selbstbeobachtung und Introspektion Strategien des Spracherwerbs aufdecken, durch Gespräche mit anderen Vorteile und Nachteile selbstständiger Lernschritte besprechen, andere Lerntechniken kennen lernen und so ihr strategisches Wissen erweitern und ggf. auch

„alte" Lerntechniken durch neue ersetzen. Auf diese Weise gewinnen sie eine Orientierung für ihr weiteres Lernen und eine Ermutigung, auch später, außerhalb des Unterrichts, ihr fremdsprachliches Wissen und Können auszubauen.

Diese Bewusstheit über eigene Lernprozesse (*learning awareness*) (Rampillon 1997, S. 173 ff.) wird jedoch im Laufe des Strategietrainings wieder abgebaut. In dem Maße, in dem jemand bestimmte Lerntechniken so oft anwendet, dass er sie beinahe automatisch benutzt, geht die Lernbewusstheit zurück und Lerntechniken entwickeln sich zu Lerngewohnheiten, zu einem Lernstil, zur individuellen Lern-kultur.

Lernende, die z. B. als Lerntechnik lernen, beim Nachschlagen in einem Wör-terbuch die Leitwörter in den linken und rechten oberen Seitenecken zum raschen Auffinden eines gesuchten Begriffes zu nutzen, werden sich diese Lerntechnik nicht auf Dauer bewusst vornehmen, sondern sie als Hilfe zunehmend unbewusst anwenden. Explizites Wissen über das Lernenlernen ist dann zu implizitem Wis-sen, zu Können geworden (Rampillon 1997, S. 173 ff.).

Eine systematische Hinführung der Lernenden zur letzten Stufe der Progression im Lerntraining, auf der sie Lerntechniken und Lernstrategien kompetent einset-zen, aber auch immer wieder neue Lerntechniken und Lernstrategien entdecken, erproben und eventuell in ihre Lernprozesse integrieren, macht sie zu dem, was in der Literatur unter „guten" Lernenden verstanden wird: Jene, die in der Lage sind, ihr Lernen selbstständig zu regulieren und es autonom zu gestalten.

Lernmuster im selbstgesteuerten Lernprozess

Es wäre ein Widerspruch in sich, würde diese Aufgabentypologie zum selbstge-steuerten Fremdsprachenlernen darauf beschränkt, die Lehrdimension aufzuzei-gen, wie dies im vorangehenden Kapitel geschah. Für Lernsituationen, die selbst-verantwortlich von den Lernenden getragen werden, reicht es nicht aus, wenn sich der Lehrer oder die Lehrerin unterschiedliche Aufgabenformen überlegt, mit deren Hilfe Lerntechniken in einer gestuften Progression vermittelt werden. Es ist min-destens genauso wichtig, die Seite der Lernenden gezielt und systematisch in den Mittelpunkt der Lehr- und Lernprozesse zu stellen.

Es ist also nicht mehr ausschließlich die Frage „Was mache ich als Lehrer bzw. als Lehrerin in der folgenden Stunde?", die im Vordergrund steht, sondern die Überlegung, was jede(r) einzelne Lernende auf welche Weise zum Lernprozess beitragen kann. Daher ist es nahe liegend, sich zunächst die Unterschiedlichkeit der Lernenden bewusst zu machen, um erst danach didaktische und methodische Entscheidungen zu treffen. Diese lernerorientierte Reflexion stellt die zweite Ausrichtung der vorliegenden Aufgabentypoplogie dar.

Ein erstes Faktorenbündel, das den Lernprozess beeinflussen kann, wurde mit Abb. 2 auf S. 18 bereits dargestellt. Der Aspekt der Lernenden kommt dort im Vergleich zu didaktischen Elementen jedoch deutlich zu kurz. Er versteckt sich hinter dem Begriff der „Lernervariablen", der hier wegen seiner großen Bedeutung genauer aufgeschlüsselt werden soll.

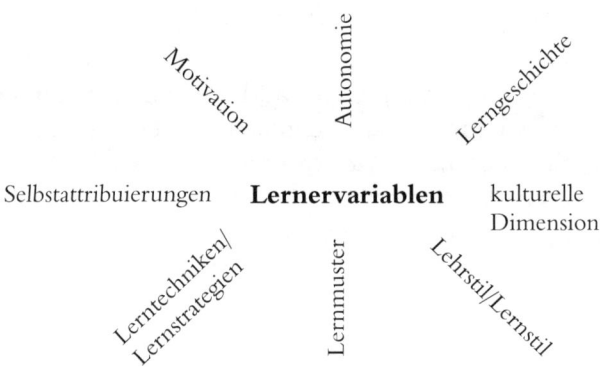

Abb. 3: Lernervariablen beim Lernprozess

Lehrerinnen und Lehrern ist hinreichend bekannt, dass die Motivation zum Lernen einer Fremdsprache ein wichtiger Aspekt für einen erfolgreichen Lernprozess ist. Wer motiviert ist, bringt auch die Bereitschaft auf, selbst von außen gesetzte Lernanforderungen zu eigenen Lernbedürfnissen zu machen und entsprechende Lernhandlungen folgen zu lassen, denn er findet „gute Gründe" für sein Lernen. Es liegt in seinem Interesse, sich selbst einer anspruchsvollen Lernaufgabe zu öffnen. Lernende, die intrinsisch motiviert sind und sich „von innen heraus" dem Fremdsprachenlernen zuwenden, entscheiden sich selbstständig zur Annahme von Lernanforderungen und entwickeln auch die Bereitschaft, sich Lernprobleme bewusst zu machen und selbstgesteuert an ihnen zu arbeiten, um sie schließlich zu bewältigen. Für sie braucht ein Lehrer oder eine Lehrerin keine motivierenden

Maßnahmen zu ergreifen, denn solche Lernenden verfügen auch über Strategien zur Selbstmotivation. Sie sind disponiert für selbstbestimmtes und selbstverantwortetes Lernen und kommen Vorstellungen von autonomen Lernenden recht nahe. Treten jedoch Lernprobleme auf und die Lernenden wissen nicht, wie sie damit umgehen und welche Strategien zu ihrer Bewältigung sie einsetzen können, dann entstehen rasch Unsicherheiten bezüglich ihrer eigenen Kompetenz, selbst wenn die Ursachen in Wirklichkeit außerhalb ihrer Person liegen. Es kommt zu negativen Selbstattribuierungen, die aktuelle und auch spätere Lernprozesse beeinträchtigen können. Meinungen von Lernenden wie etwa die folgenden sind nicht selten:

> *„Ich bin für das Lernen von Fremdsprachen nicht begabt."*
> *„Deutsch (oder eine andere Fremdsprache) ist schwer zu erlernen."*

Umgekehrt können positive Lernerfahrungen ermutigen und zum Weiterlernen motivieren. In jedem Falle empfiehlt es sich, mit den Lernenden über ihre Einstellung zum Lernen und über ihre Selbsteinschätzung zu sprechen. Konkrete Unterrichtsvorschläge dazu habe ich bereits vorgelegt.[1]

Es muss auch bedacht werden, dass jeder Lernende eine persönliche Lerngeschichte mitbringt, durch die die individuellen Lernprozesse geprägt werden. So können z. B. Einflüsse aus der häuslichen Umwelt Einstellungen und Haltungen zum Fremdsprachenlernen positiv oder auch negativ beeinflussen. Gleichermaßen üben vorangegangene Lernerfahrungen einen starken Einfluss auf aktuelle Lernsituationen aus. War man z. B. bisher einen eher fremdgesteuerten Lernprozess gewöhnt, so bedeutet selbstverantwortetes Lernen eine Umstellung und Neuorientierung, die nicht von heute auf morgen stattfinden kann, sondern sich über einen längeren Zeitraum hinzieht. Kommen Lernende gar aus ganz anderen Kulturen, dann kann es vorkommen, dass ihre Vorstellungen über „richtiges" Lernen im Gegensatz stehen zu Prinzipien von Selbstbestimmung und Autonomie. In solchen Fällen gilt es, ihre Selbstständigkeit behutsam − wenn auch konsequent − anzubahnen und mit ihnen regelmäßig und systematisch über das „neue" Lernen zu sprechen.

Die Passung von Lehrstil und Lernstil spielt hierbei eine große Rolle. So könnte z. B. ein zu rasch eingeführter offener Unterricht mit all seinen Elementen der Selbstbestimmung bei Lernenden, die eine Engführung durch den Lehrer, die Lehrerin gewöhnt sind, leicht zu Verunsicherung, Entmutigung und Demotivation führen.

---

[1] Ute Rampillon: *Lernen leichter machen*. Max Hueber Verlag: Ismaning ²1998, S. 20–53.

Ein schrittweises Bekanntmachen der Lernenden mit den Gründen für veränderte Lehr- und Lernformen, die Thematisierung der andersartigen Lehrer- und Schülerrolle im Lernprozess, das Vertrautmachen mit verschiedenen Formen offenen Unterrichts (z. B. Lernen an Stationen, Projektunterricht, Freiarbeit) und ein systematisches Training von Lerntechniken und Lernstrategien sind in solchen Fällen unabdingbare Voraussetzung.

Dass Lernprozesse auch durch die Unterschiedlichkeit der verschiedenen Lernertypen beeinflusst werden, ist aus der Unterrichtspraxis bekannt und wird gleichermaßen auch in Fachdiskussionen und in Fachpublikationen hervorgehoben. Schaut man jedoch ein wenig genauer hin, so zeigt sich, dass auf beiden Seiten erhebliche Unsicherheiten bestehen, wenn es darum geht, diese Lernertypen zu benennen und zu definieren. Aus der wissenschaftlichen Diskussion ließen sich leicht ein Dutzend unterschiedlicher Konzepte von Lernertypen aufführen[1], die immer wieder durch andere ergänzt werden (z. B. Grotjahn 1998). Jedes dieser Konzepte ist bemüht, eine eigene, neue Kategorisierung von Lernertypen unter Ablehnung bereits vorhandener Vorschläge vorzulegen. Wir können daher heute noch nicht von einer ausgearbeiteten und unumstrittenen Theorie ausgehen. Dass dadurch eher eine Verunsicherung für die Unterrichtspraxis hervorgerufen wird als eine Klärung notwendiger Einsichten, ist verständlich.

Drei verschiedene Kategorisierungen von Lernertypen, die sich nach meiner Beobachtung in der Literatur wie auch in Fachgesprächen mit Lehrerinnen und Lehrern besonderer Aufmerksamkeit erfreuen, sollen hier im Folgenden skizziert werden.

Die Hemisphärentheorie

Nach dieser Theorie finden bestimmte mentale Operationen in der linken bzw. in der rechten Hirnhälfte statt. Lernertypen, bei denen die Arbeit der linken Hirnhälfte besonders ausgeprägt ist, sind vor allem logisch vorgehende, regelgeleitete, analysierende und organisierende Lernende. Sie denken in Begriffen und mögen Übersichten, Regeln etc. Lernertypen, die vor allem die rechte Hirnhälfte einsetzen, sind dagegen eher kreativ, gefühlsbetont und intuitiv. Sie mögen die Improvisation und das Ungeordnete. Sie lernen am liebsten ganzheitlich und denken assoziierend oder auch in Bildern und verbinden mit dem Gelernten Klänge, Farben oder Gefühle.

---

[1] vgl. dazu Josef Schrader: *Lerntypen bei Erwachsenen. Empirische Analysen zum Lernen und Lehren in der beruflichen Weiterbildung.* Deutscher Studien Verlag: Weinheim 1994.

Das Kolb'sche Modell

Kolb unterschied dagegen vier verschiedene Lernertypen. Sie lassen sich wie folgt unterscheiden[1]:

Der Converger: Die dominaten Lernfähigkeiten sind Abstrakte Konzeptualisierung (AC) und Aktives Experimentieren (AE). Die größten Stärken des Convergers liegen in der praktischen Anwendung von Ideen. Diese Person ist dort am besten, wo es eine eindeutige Antwort auf auf eine Frage oder ein Problem gibt. Die Forschung zeigt, dass Converger relativ unemotional sind und es vorziehen, mit Dingen statt mit Personen zu tun zu haben. Sie tendieren dazu, enge technische Interessen zu haben und spezialisieren sich meist auf technische Wissenschaften. Dieser Lernstil ist charakteristisch für viele Ingenieure.

Der Diverger: Hat die gegenteiligen Lernstärken des Convergers. Diese Person beherrscht den Bereich der Konkreten Erfahrung (CE) und der Reflektiven Beobachtung (RO) am besten. Sie verfügt über die spezielle Fähigkeit, konkrete Situationen von vielen Perspektiven zu betrachten. Wir nennen diesen Typus den Diverger, weil er ein Ideengenerator ist, wie dies im Brainstorming angestrebt wird. Die Forschung zeigt, dass Diverger interessiert an Menschen, imaginativ und emotional sind. Sie haben breite Interessen und tendieren in Richtung Kunst. Dieser Stil ist typisch für Leute im Bereich Gesellschafts- und Geisteswissenschaften. Berater, Organisationsberater und Personalverantwortliche können oft durch diesen Lernstil charakterisiert werden.

Der Assimilator: Seine dominanten Lernfähigkeiten sind Abstrakte Konzeptualisierung (AC) und Reflektive Beobachtung (RO) Die größte Stärke einer solchen Person liegt im Erarbeiten von theoretischen Modellen. Sie kann verstreute Beobachtungen in eine integrierte Erklärung einbringen. Diese Person ist, ebenso wie der Converger, weniger interessiert an Menschen und beschäftigt sich mehr mit abstrakten Konzepten, aber weniger mit der praktischen Anwendung von Theorien. Die Theorie muss präzise und logisch sein, wenn nicht, würde eine solche Person die Fakten nochmals überprüfen. Mathematik und Naturwissenschaften sind hauptsächliches Interesse. In Organisationen findet man diesen Lernstil meist in Forschungs- und Planungsabteilungen.

Der Akkomodator: Er hat die gegenteiligen Lernstärken des Assimilators. Diese Person ist am besten im Bereich der Konkreten Erfahrung (CE) und des Aktiven Experimentierens (AE). Sie kann am besten Dinge ausführen, Pläne oder Experimente, und sich in neue Erfahrungen hineinbegeben. Sie nimmt auch eher Risiken auf sich als Personen der anderen drei Lernstile. Wir haben diese Person einen Akkomodator genannt, weil sie sich Situationen aussucht, in denen sie sich anpassen muss. Wenn eine Theorie oder ein Plan nicht den Fakten entspricht, wird eine solche Person von diesen absehen und zu den Fakten kommen. Diese Person wird Probleme in einer intuitiven Versuch-und-Irrtum-Art lösen und sich stark auf die Informationen anderer Leute abstützen. Oftmals sind solche Leute ungeduldig. Der Hintergrund solcher Leute ist meistens praktisch oder technisch, in Richtung von „Business". Solche Menschen trifft amn meistens in aktionsorientierten Jobs einer Organisation wie Marketing oder Verkauf an.

---

[1] zitiert nach Gerhard Fatzer: *Ganzheitliches Lernen*. Junfermann Verlag: Paderborn 1990, S. 232.

Senso-motorische Verarbeitungsformen nach Vester

In Anlehnung an Vester (1982) stehen in der folgenden Übersicht vor allem senso-motorische Verarbeitungsformen im Vordergrund. Sie sind hier jedoch durch weitere Dimensionen angereichert. Einen Überblick mag die folgende Zusammenstellung geben.

Visuell orientierte Lernende lassen sich vor allem durch Bildvorlagen jeglicher Art, durch Übersichten und durch optische Hervorhebungen ansprechen, die sie im Behaltensprozess oft mitspeichern. Außerdem produzieren sie auch selber – sei es auf Papier, sei es mental – eigene Bilder, um ihr Lernen zu unterstützen. Ausschließlich akustische Präsentationen stoßen auf ihre Ablehnung, es sei denn, es gelingt ihnen, dazu eigene Bilder entstehen zu lassen.

Auditiv orientierte Lernende fühlen sich wohl, wenn sie Informationen auf akustischem Wege angeboten bekommen. Es stört sie manchmal sogar, wenn diese gleichzeitig durch die Schrift oder durch Bilder begleitet werden. Besonders ansprechend ist für sie eine Sprache, die sich von ihrem Klang her leicht einprägt. Daher mögen Lernende mit diesem Lernmuster besonders gerne Merkverse, Eselsbrücken, Reime etc., die sie stumm, d.h. ohne Stimmeinsatz, oder halblaut vor sich hin sprechen, und sich so das zu Merkende einprägen.

Kommunikativ bzw. kooperativ orientierte Lernende mögen Partner- und Gruppenarbeit, da sie im Gespräch bzw. im gemeinsamen Tun ihr Wissen und Können erarbeiten, es speichern und es anwenden. Das Gespräch mit anderen über eine Sache hilft ihnen bei ihrem gedanklichen Durchdringen und fördert das Behalten.

Haptisch bzw. motorisch orientierten Lernenden ist daran gelegen, den Lerngegenstand zu be-greifen oder ihn erst selber als Produkt ihres Lernens herzustellen. Das Anfertigen von Kollagen, das Basteln von Lernhilfen, das Herstellen von Modellen ist für ihr Lernen nützlich. Manche mögen es zusätzlich, während des Lernens aufzustehen, sich zu bewegen, umherzugehen.

Erfahrungsorientierte Lernende legen großen Wert auf praktisches Erproben. Die Einsichten, die sie dabei gewinnen, sind Maßstab für ihr weiteres Vorgehen. Ihnen reicht es nicht, Informationen vermittelt zu bekommen; stattdessen suchen sie Gelegenheiten, durch eigene Erfahrungen und Erkenntnisse ihr Wissen aufzubauen. Handelndes Lernen ist für sie ein geeigneter Zugang.

Abstrakt-analytische Lernende mögen systematische und klar strukturierte Darstellungen. Sie ziehen verallgemeinernde Aussagen (z. B. Grammatikregeln) einer Anhäufung von konkreten Einzelfällen vor. Es liegt ihnen auch, ihrerseits Analysen durchzuführen, um zu neuen Erkenntnissen zu gelangen. Basteln und ähnlich handelndes Lernen lehnen sie ab.

Es ist bei dieser letzten Zusammenstellung, die von in der Praxis stehenden Lehrerinnen und Lehrern gerne aufgegriffen wird, nicht klar, ob man diese Unterscheidungen zur Kennzeichnung von „Lernertypen" heranziehen kann oder ob es sich dabei eher um beobachtbare „Lernmuster" handelt, die wiederum noch zu bestimmenden Lernertypen zugeordnet werden können. Da ich in der Fachdiskussion keine klärenden und gleichzeitig unwidersprochenen Aussagen finden konnte, neige ich dazu, bis auf weiteres die letztgenannte und in der Praxis bekannte Kategorisierung auch der Aufgabentypologie zu Grunde zu legen und dabei von „Lernmustern" zu sprechen.

Zu unterscheiden ist auch zwischen der äußeren Anlage einer Aufgabe bezüglich der Eingangskanäle der Lernenden und der Art ihrer internen Verarbeitung. Es ist durchaus denkbar, dass z. B. eine akustisch dargebotene Aufgabe einen Lernenden zur Produktion mentaler Bilder veranlasst und somit nicht nur akustisch, sondern auch visuell orientierte Lernende anspricht. (Vgl. hierzu etwa die Aufgabe auf S. 65 *Mit Hörbildern Deutsch lernen.*) Dieses kann und soll durch die vorgelegten Aufgaben nicht gesteuert werden, sondern ist allein Angelegenheit eines bzw. einer jeden Lernenden. Wichtig ist jedoch, dass von Lehrerseite unterschiedlichste Aufgabentypen angeboten werden, um die Vielfalt der Verarbeitungsprozesse zu ermöglichen und zu fördern.

Bei keiner der skizzierten Kategorisierungen können wir davon ausgehen, dass die genannten Lernmuster in Reinform existieren. Ihre Relativität wird bereits durch die Doppelbezeichnungen signalisiert, die die verschiedenen Varianten eines Typs zum Ausdruck bringen sollen. Lernende vereinen in sich stets unterschiedliche Eigenschaften. Man kann jedoch feststellen, dass im Laufe längerer Lernerfahrungen Lernende eher zu dieser als zu jener Ausprägung hin tendieren. Alle Kategorisierungen der Lernenden sollten daher mit Vorsicht und stets relativierend genutzt werden, tragen sie doch die Gefahr von Klischees, von Typisierungen in sich. Weiterhin muss gesagt werden, dass es sich nicht um eine allumfassende Übersicht handeln kann. Mit Gewissheit lassen sich weitere Lernmuster nennen. Im Extremfall sind es so viele, wie wir Lernende vor uns haben. Andererseits bietet die vorsichtige Zuordnung der Lernenden zu bestimmten Lernmustern eine Orientierung, die für die Praxis der Lehrenden wie auch der Lernenden sehr nützlich sein kann und dazu beiträgt, dass im Unterricht nicht immer dieselben Lernmuster bevorzugt werden. Eine solche Orientierung scheint mir auch besonders deswegen wichtig zu sein, da fremdsprachliche Lehrwerke und sonstige Lernmaterialien nur bedingt auf verschiedene Lernmuster eingehen (können). Sie sind so aufbereitet, dass auf der Ebene der Sprachvermittlung vor allem visuell und auditiv orientierte Lernende angesprochen werden. Am Beispiel der Lehrwerke im Bereich Deutsch als Fremdsprache „Sprachkurs Deutsch", „Stufen", „Deutsch aktiv" und „Themen" konnte dieses nachgewiesen werden (Baur 1995, S.166).

Im Bereich des prozeduralen Lernens, der in den derzeit eingeführten Lehrwerken – mit wenigen Ausnahmen – kaum berücksichtigt wird, werden Lerntechniken überwiegend über den visuellen Eingangskanal vermittelt. Das liegt zum großen Teil an der Natur der Präsentationsmöglichkeiten, über die ein Lehrwerk verfügt. Primär bietet es als Printmedium vor allem jenen etwas, die besonders über das Auge angesprochen werden. Unter dem Aspekt der Präsentation von Lernaufgaben sind jedem Lehr- und Lernmaterial natürliche Grenzen gesetzt. Ein Lehrwerk, das z. B. haptisch angelegt wäre, um Fremdsprachen zu vermitteln, ist nur schwer vorstellbar.

Neben der Art der Präsentation der Lerngegenstände ist auch die methodische Ebene in Lehrwerken und anderen Lernmaterialien zu berücksichtigen. Hier sind letztlich – je nach Fantasie und Kreativität von Autorinnen und Autoren sowie von den unterrichtenden Lehrkräften – alle Möglichkeiten gegeben, die verschiedenen Lernmuster anzusprechen. Aus lernpsychologischer Sicht würde das eine große Chance bieten, denn: „Je mehr Arten der Erklärung angeboten werden, desto fester wird das Wissen gespeichert, desto vielfältiger wird es verankert und auch verstanden, desto mehr Schüler werden den Wissensstoff begreifen und ihn später wieder erinnern." (Vester 1982, S. 42). Wir sollten daher versuchen, den Lernenden sowohl über die Lernmaterialien als auch durch den Unterricht so vielfältige Lernzugänge anzubieten wie möglich und sie so früh wie möglich anzuleiten, ihre eigenen Lernmuster herauszufinden.

Dass derzeit jedoch auf methodischer Ebene die verschiedenen Lernmuster in der Unterrichtspraxis keine zufriedenstellende Berücksichtigung finden, mag u. a. mit der Lerntradition heutiger Pädagoginnen und Pädagogen zusammenhängen, die ja selber durch eine eher traditionelle Lernkultur geprägt wurden, in der zunächst abstrakt-analytisch Lernende angesprochen wurden und in späteren Jahren – entsprechend der obigen Darstellung – auch visuell orientierte Lernende.

Auch das prozedurale Lernen steht in engem Zusammenhang mit den verschiedenen Lernmustern. Lerntechniken und Lernstrategien, wie auch alle sonstigen Elemente des selbstgesteuerten Lernens, orientieren sich an ihren unterschiedlichen Lernmustern. Ein wünschenswertes Angebot zur Förderung des selbstbestimmten Lernens sollte daher eine große Vielfalt aller unterschiedlichen Möglichkeiten enthalten. Die Thematisierung von Lerntechniken könnte zum Beispiel auch einmal über Tonträger stattfinden. Es ist mir aber bisher nicht bekannt, dass solche Materialien als Bestandteil von Lehrwerken für den Fremdsprachenunterricht existieren. Eine Ausnahme stellt solches Lehrmaterial dar, das ausschließlich zum Strategietraining entwickelt wurde.[1]

Die angesprochenen Lernervariablen in Abb. 3 stellen keine vollständige Liste dar. So könnten weitere Lerndispositionen wie z. B. die aktuelle Konzentrationsfähigkeit, die gesundheitliche Verfassung, eine mögliche Müdigkeit, vorangegangene Lernerfahrungen mit anderen Fremdsprachen etc. ergänzt werden. Hier wurden aber zunächst diejenigen ausgewählt, die in engerem Zusammenhang mit selbstbestimmtem Lernen stehen und dort von besonderer Bedeutung sind.

Fazit

Alle genannten Lernervariablen sind interdependent miteinander verbunden; sie stützen und ergänzen sich gegenseitig. Im Zusammenhang mit einem Lerntraining stehen jedoch Lernstrategien und Lerntechniken im Mittelpunkt. Ihre unterrichtliche Vermittlung und ihr Training sollen durch diese Aufgabentypologie gefördert werden. Dabei erhalten zwei Dimensionen eine besondere Bedeutung:
- die Progression bei der Vermittlung von Lerntechniken und Lernstrategien,
- die systematische Berücksichtigung unterschiedlicher Lernmuster.

Die folgende Abbildung fasst viele der vorangegangenen Überlegungen zusammen und stellt das Grundgerüst für die folgende Aufgabentypologie zur Vermittlung von Lerntechniken dar.

---

[1] z. B. G. Breitinger; H. Mandl: *Impulse zum Weiterlernen. Einstieg in das selbstgesteuerte Lernen*. PLS-Verlag: Bremen 1992.

Progression \ Lernmuster	visuell	auditiv	kommuni-kativ/ kooperativ	haptisch/ motorisch	erfahrungs-bezogen	abstrakt-analytisch
selbstständig lernen						
mit Lerntechniken experimentieren, ihren Einsatz trainieren, ihre Nützlichkeit bewerten und selbstgesteuertes Lernen erproben						
Lerntechniken sammeln, vergleichen und ordnen und das selbstgesteuerte Lernen vorbereiten						
Lerntechniken kennen lernen, sich ihrer bewusst werden und das selbstgesteuerte Lernen anbahnen						

Abb. 4: Grundraster für eine systematische Aufgabensammlung zur Vermittlung von Lerntechniken und Lernstrategien

Bei der Anwendung des Grundrasters muss noch eine Dimension mit bedacht werden, die hier nicht *expressis verbis* zum Ausdruck kommt, nämlich die des deklarativen Wissens, also die fremdsprachlichen Kenntnisse und Fertigkeiten, die in einer dritten Dimension hinzugedacht werden müssen. Der Lehrer und die Lehrerin müssen für ihren Unterricht und den Einsatz des Grundrasters z. B. überlegen, zu welcher Fertigkeit sie welche Lerntechniken vermitteln, üben oder wiederholen lassen möchten. Das Zusammenspiel von Sprachtraining und Lerntraining soll in der folgenden Darstellung an einem Beispiel erläutert werden.

Didaktische Entscheidungsfelder	Beispiele
fremdsprachliches Lehrziel	Einen Text in der Zielsprache zu einem gegebenen Thema verfassen lassen.
lernstrategisches Lehrziel	Notizen in der Fremdsprache anfertigen mit dem Ziel der Textproduktion (*note-making*).
Grad der Selbstständigkeit bei der Bewältigung der Aufgabe (Progression)	Die Technik des Notierens im Sinne von *note-making* kennen lernen (Stufe 1 der Progression).
Bezug zu verschiedenen Lernmustern	Alternative Aufgabenbeispiele für verschiedene Lernmuster: *visuell:* „So sollten Notizen aussehen!" (grafische Darstellung) *kommunikativ-kooperativ:* „Besprechen Sie mit einem Partner, wie man Notizen am besten anlegt." *haptisch:* „Schreiben Sie drei bis fünf Stichworte über das effektive Anfertigen von Notizen auf je einen Zettel. Legen Sie diese in der Reihenfolge zu einer Gliederung hintereinander." *handlungs- und erfahrungsbezogen:* „Notieren Sie ‚Pro und Kontra' zum Anfertigen von Notizen als Lerntechnik."

Von diesen vier Entscheidungsfeldern werden die letzten beiden der folgenden Aufgabentypologie zu Grunde gelegt, d. h. zu den ersten drei Stufen der Progression (Abb. 4) werden Aufgabenvorschläge gemacht, die für unterschiedliche Lernende und verschiedene Lernmuster (vgl. S. 36) gedacht sind.

Die ersten beiden Entscheidungsfelder müssen jeweils zusätzlich bedacht und vor Ort mit einbezogen werden.

Aus diesem Beispiel würden sich also mindestens vier verschiedene parallele Lern-möglichkeiten ergeben, die alternativ angeboten werden mit dem Ziel, die Lern-technik „Anfertigen von Notizen" (*note-making*) kennen lernen zu lassen.

Das Schaubild in Abb. 5, S. 40 wie auch dieses Beispiel bedeuten, dass im Idealfall mindestens achtzehn unterschiedliche Aufgabenangebote zur Vermittlung einer einzelnen Lerntechnik gemacht werden sollten, um die drei verschiedenen Pro-gressionsstufen und die sechs Lernmuster zu berücksichtigen. Mir ist bei diesem Vorschlag bewusst, dass seine Realisierung für die meisten Lehrerinnen und Leh-rer und auch für Autorinnen und Autoren von Lehrbüchern in der Regel kaum zu leisten ist. Der Grundraster steckt jedoch ein Ziel, das es – auch mit kleinen Schrit-ten und in Teilzielen – im Rahmen des Möglichen zu verfolgen gilt. Außerdem trägt er dazu bei, dass Lerntechniken systematischer als bisher üblich vermittelt wer-den, da man sich mit dem Wissen um die notwendige Progression nicht nur auf die Stufe 1 beschränken wird und bei der Aufgabenauswahl bzw. bei ihrer Konzipie-rung mehr als bisher die verschiedenen Lernmuster berücksichtigt.

Zum Einsatz der Aufgabentypologie im Unterricht

Unterrichtspraktische Hinweise und Tipps

Der Grad der Selbstständigkeit, also die jeweilige Progressionsstufe, sowie die unterschiedlichen Lernmuster stellen die beiden Dimensionen dar, an denen sich die folgende Aufgabentypologie orientiert. Zum leichteren Auffinden wird in der Kopfzeile der Seiten in gekürzter Form angegeben, um welche Progressionsstufe es sich auf der jeweiligen Seite handelt. Hier findet man auch jeweils einen Hinweis darüber, für welche Lernmuster die unten stehende Aufgabe gedacht ist.

   Da sich die Lernenden im Grad der Selbstständigkeit beim Erwerb und bei der Anwendung von Lernstrategien wie auch in ihren Lernmustern selbst in vermeint-lich homogenen Lerngruppen unterscheiden, verbietet es sich, die Aufgabenvor-schläge dieser Sammlung im frontalen, nicht differenzierten Klassenunterricht ein-zusetzen, da auf diese Weise wieder alle Lernende „über einen Kamm geschoren" würden. Wollen wir ihre Individualität im Rahmen des Möglichen fördern, muss ihnen ein offenes Lernangebot gemacht werden, sei es im Rahmen eines Selbstlernzentrums oder – wo dieses nicht vorhanden ist – durch eine Selbstlernecke im Seminarraum. Auch ein offen gestalteter Deutschunterricht bietet dazu die notwendigen Voraussetzungen, in dem z. B. das Lernen an Stationen oder in Lernzirkeln ermöglicht wird. Dabei erfahren die Lernenden dann die Notwendigkeit, selber die für sie geeigneten Aufgaben auszuwählen oder – im Falle eines Irrtums – erneut über ihr Lernen nachzudenken und eine andere Aufgabenwahl zu treffen. Eine solche Selbststeuerung wird besonders dann gefördert, wenn den Lernenden ein Überangebot gemacht wird und sich der Zwang zur Entscheidung automatisch ergibt. Es würde daher dem Sinn dieser Aufgabensammlung widersprechen, würden durch den Lehrer oder die Lehrerin nur einzelne Aufgaben zur Vermittlung einer bestimmten Lerntechnik ausgewählt und von der gesamten Lerngruppe im Frontalunterricht und im Gleichschritt bearbeitet.

Die Aufgaben dieser Typologie sind nicht als Kopiervorlagen oder Teile von Arbeitsblättern konzipiert. Sie sind vielmehr als Modelle anzusehen oder vielleicht auch nur als Platzhalter für andere, ähnliche Aufgaben, die Lehrkräfte an ihrer Stelle selber entwickeln, und zwar bezogen auf ihre konkrete Lerngruppe. Die vorliegende Aufgabentypologie kann nämlich sowohl für den Unterricht mit jugendlichen als auch mit erwachsenen Lernenden genutzt werden. Je nach Einsatzort und Lerngruppe sollten die Aufgaben bearbeitet werden. Dazu ist es notwendig zu klären, ob die Du- oder Sie-Anrede benutzt werden soll, ob das inhaltliche und sprachliche Niveau der jeweiligen Aufgabe für die Lerngruppe angemessen ist, Teile der Aufgaben z. B. die Arbeitsanweisungen, zuvor durch den Lehrer oder die Lehrerin in die Muttersprache der Lernenden übersetzt werden sollten, die jeweiligen Aufgaben gekürzt, erweitert oder durch zusätzliche Aufgaben ergänzt werden sollten, lernerspezifische Aspekte eingebaut werden sollten, die die Motivation der Lernenden zur Bearbeitung der Aufgabe steigern könnten.

Die fünfzehn Prinzipien zur Entwicklung eigener Aufgaben, die auf den nächsten Seiten dargestellt werden, können weitere Anregungen zur Bearbeitung geben.

Die Aufgaben, die den Lernenden letztlich gestellt werden sollen, beziehen sich – wie am Ende des vorigen Kapitels angesprochen – auf eine konkrete Lerntechnik, die es zu vermitteln, zu üben, zu wiederholen oder zu evaluieren gilt, und zwar unter Berücksichtigung verschiedener Lernmuster.

Die Auswahl der Lerntechniken, die in den folgenden Modellaufgaben angesprochen werden, ist willkürlich getroffen. Lehrerinnen und Lehrer müssen daher zunächst klären, wie ausgeprägt die Lernkompetenz ihrer Lernenden bereits ist, welche Lerntechniken sie bereits kennen bzw. welche neu eingeführt werden müssen. Vorschläge zur gezielten Erkundung liegen in der Literatur vor (Rampillon [3]1996). Daraus lässt sich ermitteln, welche Lerntechniken der Neueinführung bzw. der weiteren Bearbeitung im Unterricht bedürfen. Erst dann kann man unter Berücksichtigung der beiden Dimensionen dieser Sammlung – Progression und Lernmuster – die konkreten Aufgaben entwerfen.

Bei der Zusammenstellung notwendiger Informationen über die Lernenden ist es sinnvoll, neben der Ermittlung der schon vorhandenen Lernkompetenz auch eine Erhebung über die Lernmuster zu machen, die in der Klasse vorhanden sind. Dabei können – ja, sollten – die Lernenden so weit wie möglich einbezogen werden. So könnte z. B. der folgende Selbsteinschätzungsbogen (Bimmel/Rampillon 1996, S. 84 f.) als Muster für eine erste Informationsphase genutzt werden.

Arbeitsblatt Selbsteinschätzungsbogen

Was für ein Lernertyp bist du? Kreuze bitte an, was für dich gilt.

	Meistens	Manchmal	(Fast) nie	Ich weiss es nicht
1. Hast du gute Noten in Grammatik?	▦	▦	▦	▦
2. Hast du ein gutes Gedächtnis für neue Wörter?	▦	▦	▦	▦
3. Findest du es schlimm, wenn du Fehler machst?	▦	▦	▦	▦
4. Ärgerst du dich im Unterricht, wenn Fehler nicht korrigiert werden?	▦	▦	▦	▦
5. Ist deine Aussprache besser, wenn du laut liest, als wenn du ein Gespräch führst?	▦	▦	▦	▦
6. Möchtest du mehr Zeit haben, nachzudenken, bevor du etwas sagen musst?	▦	▦	▦	▦
7. Macht dir der Unterricht Spaß?				
8. Findest du es schwierig, mehr als zwei oder drei Wörter zu verstehen, wenn du im Ausland Urlaub machst?	▦	▦	▦	▦
9. Lernst du neue Grammatikregeln, Wörter usw. am liebsten auswendig?	▦	▦	▦	▦

Abb. 5

Berechne deine Punktzahl

Meistens: 3 Punkte (Fast) Nie: 1 Punkt
Manchmal: 2 Punkte Ich weiß es nicht: 0 Punkte

Gesamtpunktzahl: _____ Punkte.

Auswertung
Lies bitte die Auswertung, die deiner Gesamtpunktzahl ent-
spricht:

1. Gesamtpunktzahl 23 – 27: Analytisch?

Du findest es vermutlich sehr wichtig, immer so präzise
wie möglich zu arbeiten. Du bevorzugst wahrscheinlich
Aufgaben, bei denen du sorgfältig nachdenken musst,
z. B. Grammatikübungen, Wortschatzübungen usw.
Das sind sehr oft auch die Aktivitäten, die von dir im
Unterricht verlangt werden. Vielleicht kannst du die
Art und Weise, wie du Fremdsprachen lernst, verbes-
sern, indem du die folgenden Empfehlungen beachtest.

Empfehlungen
Du solltest versuchen, deine Geläufigkeit zu verbessern.
- Versuche, so oft wie möglich Deutsch zu sprechen,
  z. B. mit deutschsprachigen Touristen.
- Mach dir weniger Sorgen über deine Fehler. Es ist
  äußerst anstrengend, immer korrekt sprechen zu
  wollen. Denk daran, dass deine Gesprächspartner dir
  nicht zuhören, um deine Fehler herauszuhören, son-
  dern um zu verstehen, was du meinst. Nachdem das
  Gespräch beendet ist, erinnerst du dich bestimmt
  noch an Fehler, die du dabei gemacht hast. Das ist der
  Moment, die eine Notiz zu machen, um von deinen
  Fehlern zu lernen.
- Außerhalb des Unterrichts hast du nicht immer ein
  Wörterbuch dabei – und ganz gewiss keine(n) LehrerIn. Was du brauchst, ist Selbstvertrauen:
  Du kannst mehr, als du meinst.

2. Gesamtpunktzahl 9 – 13: Locker und entspannt?

Du scheinst Fremdsprachen ohne große Anstrengung
zu erwerben. Du unterhältst dich gerne mit anderen.
Ab und zu meinst du aber auch, dass du vielleicht mal
etwas mehr Grammtik lernen solltest, aber das macht
dir wenig Spaß und dein Interesse lässt schnell wieder
nach. Vielleicht kannst du die Art und Weise, wie du
Fremdsprachen lernst, verbessern, indem du die folgenden Empfehlungen beachtest.

Empfehlungen
- Du solltest dir vielleicht mehr Zeit gönnen, um über
  die Fremdsprache nachzudenken und gezielt die
  Grammatik, die Aussprache, den Wortschatz usw. zu
  üben. Richte deine Zeit so ein, dass du regelmäßiger
  daran arbeitest.
- Du solltest vielleicht ein bisschen selbstkritischer
  werden und dich öfter korrigieren. Im Moment
  machst du dir vielleicht überhaupt keine Sorgen um
  Fehler, die du machst, und sie fallen dir gar nicht auf.
  Aber wenn du versuchst, etwas besser auf deine Fehler zu achten, kannst du sie vielleicht auch einfacher
  korrigieren.

3. Gesamtpunktzahl 14 – 22: Gemischt?

Vielleicht passt du weder in die Kategorie *analytisch*
noch in die Kategorie *locker und entspannt*. Vielleicht
erkennst du dich besser in einem der beiden Lernertypen wieder? Wenn ja, dann können die Empfehlungen
für diesen Lernertyp dir vielleicht helfen.

4. Gesamtpunktzahl 0 – 8: Ungewiss?

Deine Gesamtpunktzahl bedeutet keineswegs, dass du
nicht gut lernen kannst. Vielleicht hast du heute zum
ersten Mal darüber nachgedacht, wie du die Fremdsprache lernst. Es kann sehr nützlich für dich sein, mehr
darüber zu erfahren, damit du lernst, wie du die Fremdsprache effektiver lernen kannst.

Empfehlungen
Einige allgemeine Informationen über das Lernen von
Fremdsprachen kannst du in den Beschreibungen bei
analytisch und *locker und entspannt* finden. Versuche, dir
in der kommenden Zeit besser bewusst zu machen, wie
du am liebsten vorgehst, um die Fremdsprache zu lernen. Das kann dir helfen, Entscheidungen darüber zu
treffen, in welcher Hinsicht du deine Arbeitsweise verbessern kannst.

Abb. 6: Auswertung des Selbsteinschätzungsbogens

Um den alternativen Zugriff auf Aufgaben zum Lernenlernen auch für die Lernenden selber zu gewährleisten, möchte ich anregen, die endgültige Fassung der Aufgaben so zu gestalten, dass sie auch später von anderen Lernenden wieder eingesetzt werden kann. Dazu könnte es z. B. nützlich sein, sie einzeln auf Karten zu schreiben und diese mit Klarsichtfolie zu überziehen oder gar zu laminieren, um ihre Lebensdauer zu erhöhen und Beschriftungen zu vermeiden. Die einzelnen Aufgaben könnten sodann als Teile einer Lernkartei in der Lernecke des Seminarraumes zur freien Verfügung der Lernenden aufgehoben werden. Geeignete Ordnungssysteme sind auch käuflich zu erhalten und müssen nicht teuer sein[1], aber auch offene Kartons und ähnliche Boxen sind geeignet.

Abb. 7: Lernecke zum Lernenlernen

Auf dieser Basis können nach kurzer Zeit des Sammelns geeignete Aufgaben relativ problemlos immer wieder im Rahmen offener Lernphasen zum Strategietraining in den Unterricht eingebaut werden.

Benötigt man bei der Erstellung eigener Aufgaben weitere Ideen, dann sei auf Aufgabensammlungen in der Fachliteratur hingewiesen, die hierzu Anregungen geben könnten, obwohl sie anderen Gliederungsprinzipien folgen.[2]

---

[1] Geeignete Angebote machen einschlägige alternative Lehrmittelverlage. So liegt der Preis eines Kartonsystems mit vier Einschubfächern um die drei Euro.
[2] Vgl. hierzu insbesondere: Ute Rampillon ²1998 oder dies. 1986 oder: Peter Bimmel; Ute Rampillon 1996.

Fünfzehn Prinzipien für die eigene Entwicklung weiterer Aufgaben[1]

Wie ausgefeilt und differenziert eine Aufgabentypologie zur Vermittlung von Lerntechniken auch sein mag, so werden Lehrerinnen und Lehrer doch immer wieder die Notwendigkeit empfinden, sie um immer neue Aufgaben zu erweitern, um die Lernkompetenz der Lernenden in ihrem Unterricht weiter aufzubauen.

In diesem Kapitel soll daher versucht werden, einige Merkmale für die Gestaltung solcher selbstentwickelten Aufgaben darzustellen, die dazu beitragen können, selbstgesteuertes Lernen im Sinne dieser Aufgabentypologie zu fördern. Dabei sollen sowohl wichtige Prinzipien als auch unabdingbare Elemente solcher Aufgaben skizziert werden.

1   Integration in den Sprachlehrgang

Die verschiedenen Aufgaben müssen so konzipiert sein, dass sie sich jeweils auf eine der fremdsprachlichen Teilkompetenzen beziehen. Die konkreten Lehrziele müssen benannt werden, damit die Lernenden die Möglichkeit haben, ihre persönlichen Lernziele mit diesen abzustimmen. Dadurch soll erreicht werden, dass den Lernenden die Funktionalität von Lerntechniken und Lernstrategien deutlich wird und sie diese nicht als separaten und zusätzlichen Lernstoff zu ihren sprachlichen Lernaufgaben verstehen, sondern ihre dienende Funktion im Lernprozess begreifen. Außerdem werden die Lehrkräfte durch diese Integration der Lerntechniken und Lernstrategien in den fremdsprachlichen Lehrgang weitgehend der Sorge enthoben, wie sie das Lernen des Lernens auch noch in ihrem Unterricht unterbringen können, ohne unverhältnismäßig mehr Zeit zu benötigen.

Bei diesem Vorgehen ist wichtig, dass die Lehrkräfte zur eigenen Vergewisserung bewusst kontrollieren, ob es sich bei der jeweiligen Aufgabe darum handelt, die Sprache oder das Lernen zu lernen. Damit wird verhindert, dass ungewollt der letztgenannte Bereich aus dem Unterricht verschwindet, da man sich auf das eigentliche Ziel, nämlich die Sprachkompetenz der Lernenden konzentriert und anderes leicht aus dem Blick verliert. Recht nützlich ist in diesem Zusammenhang die gedankliche Steuerung durch die folgende Formulierung: „Wenn es mein Ziel ist, die Lerntechnik XY zu vermitteln, dann …" (Bimmel/Rampillon 1996, S. 68 ff.).

---

[1] Dieser Abschnitt wurde in seinen Grundgedanken bereits veröffentlicht in: Ute Rampillon: „Lernen lernen – mit System. Gedanken zu einer Aufgabensammlung für die Förderung selbstgesteuerten Fremdsprachenlernens". In: Goethe Institut (Hrsg.): *Neues Lernen – selbstgesteuert – autonom*. München 1997.

2   Motivierende Inhalte

Die Integration von Lerntechniken und Lernstrategien in den Sprachlehrgang erfordert auch, dass die jeweiligen Inhalte so gestaltet sind, dass sie für die Lernenden motivierend sind. Wie uns die lernpsychologische Forschung immer wieder und vor allem in den letzten Jahren bestätigt, ist dies eine Grundvoraussetzung dafür, dass Lernen überhaupt stattfinden kann. Erst wenn das lernende Subjekt „gute Gründe" hat, um sich der Lernanstrengung zu unterziehen, wenn es also die Bereitschaft und Offenheit dafür entwickelt, neues Wissen zu integrieren, wird sein Lernen auch erfolgreich sein (Holzkamp 1993).

Recht nützlich können in dieser Hinsicht u.a. authentische oder halb-authentische Materialien sein, die – ebenso wie eine ansprechende und lernförderliche „Verpackung" etwa in Form von Merksprüchen und Eselsbrücken – das Lernen auch von der affektiven Seite her unterstützen.

3   Unterschiedliche Zugänge

Auf Grund der Tatsache, dass in Lerngruppen in der Regel verschiedene Lernmuster vorhanden sind, sollten Aufgaben zum selbstständigen Lernen auch unterschiedliche Sinne ansprechen und verschiedene Zugänge anbieten, z. B. indem die verschiedenen Eingangskanäle angesprochen werden. Manche Arbeitsanweisungen einer Aufgabe können z. B. sprechend, zeichnend, fühlend, singend oder schreibend ausgeführt werden. Zwar wird es nicht immer möglich sein, eine solche Vielfalt für jedes einzelne Lern- und Übungsziel vorzusehen. Es ist jedoch wichtig, dass Aufgaben einer Lerneinheit verschiedenartige Lernmuster ansprechen. Die unterschiedlichen Zugangsweisen und ihre Bedeutung für erfolgreiches Fremdsprachenlernen sollten den Lernenden bewusst gemacht werden. Eventuell lassen sich in eine Lerneinheit Teil- und Ergänzungsaufgaben einbauen, die die Lernenden zur Selbstbeobachtung anleiten und ihnen helfen, ihr eigenes Lernmuster zu bestimmen und individuelle Lernstile herauszubilden.

4   Verständlichkeit der Sprache

Diese Forderung scheint auf den ersten Blick obsolet zu sein, da sie scheinbar selbstverständlich ist. Bei näherem Hinsehen ergeben sich jedoch Fragen, die es in der Unterrichtspraxis zu entscheiden gilt.

So ist zunächst zu klären, ob alle Informationen, Erklärungen und Anweisungen, die den Lernprozess betreffen, in der Zielsprache oder in der Muttersprache erfolgen sollen. Die Vision von Lernenden, mit denen Gespräche über prozedurale Verfahren beim Fremdsprachenlernen in der Zielsprache geführt werden, ist zwar reizvoll, aber in vielen Fällen unrealistisch. Vielleicht fällt die Entscheidung leichter, wenn man sich bewusst macht, dass für die pragmatische Seite des Fremdsprachenlernens die Fremdsprache grundsätzlich die Regel sein sollte, dass aber dort, wo es um das Lernen des Lernens geht, andere Ziele angestrebt werden: Hier geht es um die Entwicklung der Lernkompetenz der Lernenden. Aus diesem Grunde halte ich es für vertretbar, Lerntechniken in der Muttersprache zu vermitteln, sobald zu erahnen ist, dass eine Vermittlung in der Fremdsprache Verstehensbarrieren und Missverständnisse nach sich ziehen könnte. Davon sollte man m. E. für die ersten Lernjahre in der Regel ausgehen.

Andere Entscheidungen, die die Verständlichkeit der Sprache betreffen, liegen in der Verwendung einer bestimmten Symbolik und Bildhaftigkeit wie auch in der Verwendung fachlicher Terminologie. Auch hier sollte die Alltagssprache der Lernenden Verwendung finden. Eine wissenschaftlich gesicherte und pädagogisch sowie fachdidaktisch präzise Formulierung mag zwar das Lehrergewissen beruhigen, ist jedoch für den Lernerfolg nicht immer zwingend notwendig.

5   Explizitheit der Vermittlung

Autonomes Lernen ist ohne die informierende und stützende Instanz des Lehrers oder der Lehrerin nur schwer zu realisieren (was im Übrigen dazu führt, den Begriff der Autonomie im Kontext des Lernens mit Vorsicht zu behandeln). Selbststeuerung im Lernprozess entsteht nicht von selbst, sondern muss gefordert und gefördert werden. Aufgaben zum selbstgesteuerten Lernen müssen daher möglichst explizit sein (Tönshoff 1992, S. 284 ff.). Dazu gehört, dass

- sie auf einer möglichst genauen Kenntnis der Lernkompetenz der Lernenden und auf dem bereits vorhandenen lernstrategischen Wissen und Können aufbauen,
- mit den Aufgaben eine explizite Präsentation verbunden wird, z. B. durch bewusst machende Erklärungen, durch Strategiedemonstration oder durch Eigenbeobachtung und anschließende Diskussion mit den Lernenden,
- Strategieerprobung durch gezielte Aufgabenstellungen erfolgt, die ihrerseits mit einer Bewusstmachungskomponente versehen sind,
- Feedback zum Lernprozess stattfindet und Aufgaben zur Förderung der metakognitiven Selbstkontrolle angeboten werden.

Je nach Lerngruppe kann der Explizitheitsgrad einer Aufgabe gesteigert werden. So, wie die gesamte Aufgabensammlung im vorangehenden Abschnitt vom bewusst machenden zum elaborierten Strategietraining führt, kann auf der Mikroebene auch die einzelne Aufgabe differenziert gestaltet werden:

Selbststeuerung durch die
Lernenden oft ohne Benennung einer
spezifischen Strategie *(blind training)*

oder:

explizite Instruktion durch Lehrerinnen und
Lehrer, andere Lernende, Lernpartnerinnen und Lernpartner,
Freundinnen und Freunde etc. oder durch Demonstration einer
spezifischen Strategie

oder:

explizite Instruktion, Beschreibung einer spezifischen Strategie,
Demonstration einer spezifischen Strategie

oder:

explizite Instruktion, Beschreibung einer spezifischen Strategie, Demonstration einer
spezifischen Strategie, Selbstbeobachtung und Selbstkontrolle durch die Lernenden

Aufgabenformulierungen auf diesen verschiedenen Stufen könnten z. B. wie folgt lauten:

„Lernen Sie die Vokabeln
zur nächsten Stunde."

oder:

„Lernen Sie die Vokabeln, indem Sie dazu eine
Kartei anfertigen und mit den Karteikarten lernen."

oder:

„Lernen Sie die Vokabeln mit Hilfe einer Lernkartei:
So sieht meine Kartei aus und so lerne ich mit ihr: ...."

oder:

„Lernen Sie die Vokabeln mit Ihrer Lernkartei. Beobachten Sie dabei, wie Sie
am erfolgreichsten lernen. Machen Sie sich dazu Notizen, z. B. in Ihrem Lerntagebuch."

6 Imitierendes Lernen

Die verschiedenen Aufgaben sollten nach Möglichkeit Modelle für das individuelle Lernen aufzeigen. Diese können an den verschiedenen Stellen im Lernprozess aufgedeckt werden:

- an Teilen einer Schulbuchlektion, an denen modellhaft gezeigt wird, wie grammatische Strukturen durchschaut werden können,
- in Tafelbildern aus dem Unterricht, die zeigen, wie man grammatische Regeln von Beispielsätzen ableitet, wie man sie formuliert und wie man sie notiert,
- im Verhalten des Lehrers oder der Lehrerin, der/die während des Unterrichts ab und zu bewusst in einem Wörterbuch nachschlägt oder eine Grammatik konsultiert,
- im Verhalten der anderen Lernenden, wenn sie sich z. B. etwas notieren oder wenn sie fremdsprachliche Texte aufschreiben.

7 Entdeckendes Lernen

Es wäre ein Widerspruch in sich, würden Lerntechniken zum Fremdsprachenlernen, durch die die Autonomie der Lernenden angestrebt wird, in dozierender Weise vermittelt. In der pädagogischen Literatur ist hinreichend begründet, dass eigenes Entdecken zu nachhaltigeren Behaltensleistungen führt, zur Identifikation der Lernenden mit den Lernergebnissen und zur Transferfähigkeit auf spätere Lernsituationen beiträgt. Dabei kann mit den entsprechenden Aufgaben einerseits das Entdecken der Sprache gemeint sein, was seinerseits wiederum als Strategie verstanden werden kann: Wenn ich eine Sammlung von Beispielen zu einem bestimmten fremdsprachlichen Phänomen anlege, wenn ich diese ordne, vergleiche und analysiere, wenn ich Ähnliches und Unterschiedliches kennzeichne, wenn ich daraus Gesetzmäßigkeiten ableite und hierzu wiederum eine Regel formuliere, dann bin ich lernstrategisch vorgegangen. Wenn ich mir diese Lernerfahrungen bewusst mache und als erfolgversprechenden Plan für künftige Lernaufgaben betrachte, dann bin ich auch in der Lage, in ähnlichen Lernsituationen nach diesem vorzugehen.

Andererseits kann ich jedoch auch neue Strategien und Techniken entdecken. Hierbei lassen sich differenzierte Vorgehensweisen realisieren:

- Ich kann jemanden fragen, wie er oder sie z. B. Vokabeln lernt.
- Ich kann andere Lernende dabei beobachten und mir deren Lernweise zu eigen machen.

- Ich kann mein eigenes Lernen kritisch überprüfen und mir selber andere Lerntechniken ausdenken.
- Ich kann mich lesend über das Lernen von Vokabeln informieren.
- Ich kann ...

Jeder dieser Pläne kann in vielfältige Teillernschritte zerlegt werden und so die Lernhandlung steuern. Wie diese Teilschritte gestaltet werden, hängt sehr viel mit der Lernsituation, aber auch mit den Lernmustern der Lernenden zusammen. Die Aufgabe, die Vokabeln von Lektion X zu lernen, kann daher sehr unterschiedlich gelöst werden. Jemand, der sein Lernen bewusst steuert und kontrolliert, wird feststellen, dass er z. B. seine Vokabeln am besten lernt, indem er sie in eine Lernkartei einträgt und damit „spielend" lernt. Ein anderer wird vielleicht eher zur Tonkassette greifen, sich die zu lernenden Vokabeln aufsprechen und danach die Kassette immer wieder intensiv hörend abspielen. Ein Dritter wird sich möglicherweise diejenigen Vokabeln, die er überhaupt nicht behalten kann, als Mobile basteln und in seinem Zimmer aufhängen. Notwendig ist es für alle angeführten Lernenden, dass sie zuvor einmal etwas über verschiedene Lernmuster erfahren haben.

8   Interaktivität

Der Gesichtspunkt der Interaktivität spricht besonders jene Lernenden an, die von ihrem Lernmuster her kommunikativ orientiert sind und deren Denk- und Lernprozesse vor allem im Dialog mit anderen entstehen und wachsen. Für sie sind Aufgabenformen geeignet, in denen sie anderen ihre eigenen Lerntechniken erklären oder indem sie andere um Erläuterungen bitten. Das Gespräch über das eigene Lernen trägt nicht nur zur Erleichterung und Verbesserung ihres Lernens bei, sondern eröffnet auch neue Einsichten, zu denen sie sonst nicht oder nur sehr langsam gekommen wären.

Auf dem Wege zur Selbstständigkeit ist es für die Lernenden nicht nur notwendig zu erfahren, welche Lerntechniken andere kennen und verwenden. Es ist auch sinnvoll, in einer einzelnen Aufgabe einen Teilschritt vorzusehen, in denen Lernende ihre Lernstrategien mit denen anderer vergleichen oder in einer kleinen Gruppe diskutieren und dabei vielleicht sogar zu einer gemeinsamen Meinung über eine bestimmte Strategie kommen. Auch wenn nicht davon ausgegangen werden kann, dass alle Lerntechniken für alle Lernenden in gleicher Weise nützlich sind, kann es sein, dass punktuell ein erster, vielleicht nur vorläufiger Konsens über bestimmte Lerntechniken hergestellt wird und dadurch zu einer hohen Akzeptanz unter den Lernenden führt.

9   Angaben zur Lernorganisation

Aufgaben zum selbstgesteuerten Lernen bedürfen exakter lernorganisatorischer Hinweise, wie z. B. zur durchschnittlichen Lernzeit, die für die Bearbeitung benötigt wird. Haben die Lernenden diese Information, können sie selber besser einschätzen, wie sie ihr Lernen planen.

Ähnliche Informationen benötigen sie auch bezüglich eventueller Lernhilfen. Daraus können sie u.a. ableiten, dass erfolgreiches Lernen einer vorangehenden Planung und Organisation bedarf, und werden solche Informationen als lernförderlich erleben. Dies gilt ganz besonders dann, wenn Elemente der Lernplanung, wie die obigen, auch bewusst im Unterricht und/oder in der Aufgabe selber thematisiert werden.

Grundsätzlich ist jedoch auch hier die anfängliche Steuerung durch die Lehrerin, den Lehrer oder durch das Lernmaterial im späteren Lernprozess zugunsten selbstständiger Überlegungen seitens der Lernenden zurückzunehmen.

10   Lernhilfen

Lerneinheiten zum selbstständigen Lernen bieten außer den steuernden und informierenden Hinweisen, z. B. auf Lernhilfen wie Wörterbücher, Grammatiken, Karteien und andere Nachschlagewerke, auch Tipps zur Steigerung der Lernleistungen. Eine Gruppe dieser Hilfen stellen Eselsbrücken, Reime und Merkverse dar. Erklärungen über deren behaltensfördernde Wirkung können Lernende dazu ermutigen, solche zu sammeln oder sogar eigene Merkverse zu konstruieren.

Hier ein paar Beispiele bezogen auf die neue deutsche Rechtschreibung:

„du" und „dein" in einem Brief schreib's klein, denn das ist positiv;
„euer", „euch" – das ist doch fein!- schreibt man heute wieder klein.

„kennen lernen" sind zwei Verben;
durch Zusammenschreiben nicht verderben!

„Hobbys" schreibt man Ypsilon -s, das ist korrekt und kein Exzess!

Hat das Adverb am End' ein -s, schreib's klein,
dann gibt's auch keinen Stress!
(z. B. anfangs, abends, seitens)

11 Zusammenfassungen

Nach jeder Lerneinheit zum Training der verschiedenen Lerntechniken sollte eine zusammenfassende Rückschau über den abgelaufenen Lernprozess erfolgen. Diese wird von den Lernenden selber geleistet. Die einzelnen Aufgaben können dagegen lehrergesteuert vorgegeben werden. Die Lernenden sollten jedoch wissen, dass Zusammenfassungen Teil ihres Lernplanes sind und nicht nur zur Eigenkontrolle ihres aktuellen Lernstandes dienen, sondern auch Anregungen für die Weiterarbeit geben können.

12 Wiederholungen

Vor allem im Rahmen von Lehrbucheinheiten sollte – trotz ihrer häufigen Stofffülle – auf Wiederholungen von Lerntechniken und Lernstrategien nicht verzichtet werden. Eine nur punktuelle und vereinzelte Thematisierung einer bestimmten Lerntechnik führt wohl nur in den seltensten Fällen zur Anwendung im Lernprozess. Auch der Zeitdruck, den Lehrkräfte häufig empfinden, sollte kein Grund dafür sein, auf notwendige Wiederholungen zu verzichten.

13 Selbstevaluation

Selbstevaluation hat nur wenig mit der Leistungsfeststellung des Lehrers oder der Lehrerin zu tun. Durch Selbstevaluation greifen die Lernenden retrospektiv einmal festgelegte Lernziele wieder auf, stellen den Grad ihres Erreichens fest und erhalten perspektivische Ansätze zum Weiterlernen. Ausführende und Adressaten für ein solches *feedback* sind die Lernenden selber, während sie durch geeignete Aufgabenstellungen von außen dazu angeleitet werden können. Es ist dabei nicht notwendig, dass nach jeder einzelnen Aufgabe eine Selbstevaluation erfolgt; das würde vermutlich rasch zu Ermüdungserscheinungen führen. Entsprechend der „Grobkörnigkeit" der Lernvorhaben, also gemäß der Differenziertheit der einzelnen Lerneinheiten, kann eine zusammenfassende Auswertung erfolgen. Sie wird mit drei Hauptfragen verbunden:
• Was wollte ich lernen?
• Muss ich hierzu noch weiterlernen?
• Wenn ja, wie gehe ich vor?

14 Planung der Weiterarbeit

Zum Abschluss der Aufgaben sollte den Lernenden klar sein, ob und wie sie künftig ihr Lernen fortsetzen wollen. Dazu können sie auf Grund der Selbstevaluation feststellen, dass zum gleichen Thema weitere Übungen durchgeführt werden müssen. Sie können jedoch auch herausfinden, dass ein weiteres Üben überflüssig ist, da sie den Stoff beherrschen. Hieraus resultiert dann die Überlegung, ob weitere Aufgaben zu neuen Lernzielen und zu anderen Lernschritten bearbeitet werden müssen. Erscheint die Fortsetzung der Arbeit nicht als erforderlich, so werden die Lernenden durch ihren Erfolg bestätigt und schöpfen neue Kraft, um weitere Lernziele anzustreben.

15 Lösungsschlüssel

Qua definitionem ist bei Selbstlernprozessen eine unmittelbare Fremdkontrolle nicht vorgesehen. Die Lernenden selber benötigen jedoch Möglichkeiten, die gefundenen Lösungen zu überprüfen. Hierzu bieten sich verschiedene Wege an:

- das separate Lösungsheft bzw. -blatt, meist als lose Beilage zu den Aufgaben,
- die Lösungen als Abschluss einer Lerneinheit,
- der Kleindruck im unmittelbaren Anschluss an die einzelne Aufgabe, manchmal auf dem Kopf stehend und evtl. in anderer Farbe hervorgehoben bzw. vom übrigen Text abgegrenzt,
- versteckte Lösungen, die nur durch Auflegen einer farbigen Transparentfolie lesbar werden.

Diese und andere Formen wurden entwickelt, um den Lernenden die Lösungen an die Hand zu geben. Schwieriger ist es, bei solchen Aufgaben klare Lösungen zu geben, die entweder rein kommunikativer Art sind oder in denen es um individuelle Entscheidungen zum Lernen des Lernens geht, bei Aufgaben also, deren Lösungen nicht objektiv als eindeutig richtig oder falsch zu bezeichnen sind. In solchen Fällen sind stets Lösungsvarianten denkbar, die auf Grund von individuellen und spezifischen Gegebenheiten akzeptabel sind.

Auch auf das selbstgesteuerte Lernen bezogen können daher im Lösungsschlüssel nur Angaben gemacht werden, die im Regelfall zutreffen oder die als eine von mehreren Lösungen dargestellt werden. Es können auch exemplarische Lösungen von anderen Lernenden beschrieben werden, wobei jedoch stets relativierende Anmerkungen erfolgen sollten. Eine weitere Möglichkeit wäre es auch, verschiedene Lösungsalternativen zu benennen und ihre Vor- und Nachteile zu kommentieren.

Teil 2

Aufgabentypologie
zum autonomen Lernen

Stufe 1   **Lerntechniken kennen lernen**

Stufe 2   **Lerntechniken sammeln**

Stufe 3   **Lerntechniken erproben**

Stufe 4   **Selbstständig lernen**

(Es erübrigt sich, hierzu Aufgabenvorschläge zu machen, vgl. S. 29 f.)

Lerntechniken nachlesen

Wer rasch Informationen über Lerntechniken und Lernstrategien bekommen möchte, der kann nachlesen, was andere dazu gesagt oder geschrieben haben. Lernende in der ganzen Welt machen sich Gedanken darüber, wie sie am besten lernen. Hier sind ein paar Beispiele.

Wie andere lernen

Danielle: *„Ich spiele zu Hause kleine Rollenspiele: Zum Beispiel ‚beim Arzt sagen, was mir fehlt‘ oder ‚etwas beim Bäcker kaufen‘. Ich spiele beide Rollen, also Patient und Arzt oder Kunde und Bäcker. Ich zeichne diese Gespräche auf Kassette auf. Wenn ich sie dann anhöre, höre ich schon, was nicht richtig klingt – und dann verbessere ich mich selbst. Manchmal gebe ich meinem Deutschlehrer so’ne Kassette. Der sagt mir dann, woran ich noch arbeiten soll.“*

Karim: *„Ich mache oft mit meinen Klassenkameraden ein Partnerdiktat. Einer diktiert, der andere schreibt es auf. Danach vergleichen wir und das, was falsch war, wird korrigiert.“*

Marcia: *„Was ich oft mache, um Briefe schreiben zu üben? Ich notiere mir Stichworte aus Modellbriefen in mein Heft. Am nächsten Tag schreibe ich den Brief anhand meiner Stichworte. Dann vergleiche ich mit dem Modell und korrigiere meine Fehler.“*

Nazar: *„Ich mache mir kurze Notizen, bevor ich einen Brief schreibe. Dazu verwende ich W-Fragen (Wer? Was? Wann? Wozu? Warum?), die ich kurz in Stichworten beantworte.“*

Eva: *„Ich habe eine Liste mit 10 Punkten, die ich beim Briefeschreiben kontrollieren soll, zum Beispiel: Substantive großgeschrieben, dass/das, Subjekt/Verb usw. Bevor ich meiner Deutschlehrerin einen Brief abgebe, kontrolliere ich selbst, ob ich keine Fehler gemacht habe.“*

Jim: *„Wenn ich merke, dass bei mir Stress aufkommt, zum Beispiel vor einer Prüfung, habe ich selber ein paar Tricks, um mich zu beruhigen. Ich atme ein paarmal tief durch, stelle meine beiden Füße fest auf den Boden, lege meine Hände ruhig auf den Tisch, entspanne mich. Manchmal hilft es mir auch, wenn ich mir selbst gut zurede und mir sage: Du kannst das schon, du brauchst gar keine Angst zu haben.“*

✘ Stellen Sie in einer Übersicht zusammen, welche Aufgaben die Lernenden sich vorgenommen haben und was sie machen, um sie zu lösen.

Name	Aufgabe	Was machen die Lernenden, um diese Aufgabe zu lösen? Welche Lernstrategie benutzen sie?
Danielle Karim ...		

✘ Welche dieser Lernstrategien möchten Sie selber einmal ausprobieren? Notieren Sie sich diese Strategien auf einen Zettel, den Sie sichtbar an Ihren Arbeitsplatz hängen, um sich daran zu erinnern.

✘ Denken Sie nun einmal über Ihre eigenen Strategien nach. Welche wenden Sie an, um bestimmte Aufgaben beim Deutschlernen zu lösen? Notieren Sie mindestens drei Beispiele.

Aufgabe	meine Lernstrategien

Lerntechniken von anderen erfahren

Um mehr Lerntechniken und Lernstrategien kennen zu lernen, ist es manchmal ganz nützlich, bei denen nachzufragen, die schon viele Sprachen gelernt haben. Hier ist ein Beispiel von einem Experten, nämlich von Heinrich Schliemann.

✗ Lesen Sie den Auszug aus seiner Autobiographie und notieren Sie, welche Lernstrategien er für seine Ziele benutzte.

„Diese einfache Methode besteht zunächst darin, dass man sehr viel laut liest, keine Übersetzungen macht, täglich eine Stunde nimmt, immer Ausarbeitungen über uns interessierende Gegenstände niederschreibt, diese unter der Aufsicht des Lehrers verbessert, auswendig lernt und in der nächsten Stunde aufsagt, was man am Tage vorher korrigiert hat. Mein Gedächtnis war, da ich es seit der Kindheit gar nicht geübt hatte, schwach, doch benutzte ich jeden Augenblick und stahl sogar Zeit zum Lernen. Um mir sobald als möglich eine gute Aussprache anzueignen, besuchte ich sonntags regelmäßig zweimal den Gottesdienst in der englischen Kirche und sprach bei dem Anhören der Predigt jedes Wort derselben leise für mich
nach. Bei allen meinen Botengängen trug ich, selbst wenn es regnete, ein Buch in der Hand, aus dem ich etwas auswendig lernte; auf dem Postamte wartete ich nie, ohne zu lesen. So stärkte ich allmählich mein Gedächtnis und konnte schon nach drei Monaten meinen Lehrern, Mr. Taylor und Mr. Thompson, mit Leichtigkeit alle Tage in jeder Unterrichtsstunde zwanzig gedruckte Seiten englischer Prosa wörtlich hersagen, wenn ich dieselben vorher dreimal aufmerksam durchgelesen hatte. Auf diese Weise lernte ich den ganzen „Vicar of Wakefield" von Goldsmith und Walter Scott's „Ivanhoe" auswendig. Vor großer Aufregung schlief ich nur wenig und brachte alle meine wachen Stunden der Nacht damit zu, das am Abend Gelesene noch einmal in Gedanken zu wiederholen. Da das Gedächtnis bei Nacht viel konzentrierter ist als bei Tage, fand ich auch diese nächtlichen Wiederholungen von größtem Nutzen; ich empfehle dies Verfahren jedermann. So gelang es mir, in Zeit von einem halben Jahre mir eine gründliche Kenntnis der englischen Sprache anzueignen. "

Schliemanns verschiedene Ziele beim Englischlernen	Welche Lernstrategien benutzte er?

✗ Setzen Sie sich nun mit ein oder zwei anderen Lernenden zusammen. Überlegen Sie, ob Sie beim Deutschlernen so ähnlich vorgehen oder ob Sie andere Strategien verwenden als Schliemann? Wenn ja, welche sind es?

Andere beim Lernen beobachten

Es ist immer wieder interessant, anderen beim Lernen zuzusehen. Nicht selten kann man dadurch neue Lernstrategien entdecken. Man kann außerdem auch eine Bestätigung für die eigenen Lernstrategien finden.

Betrachten Sie das folgende Foto.
Was macht der Mann, der links vorne sitzt, gerade?
Was will er vermutlich lernen?

✗ Gehen Sie beim Deutschlernen ähnlich vor? Wenden Sie die gleichen oder andere Strategien an? Welche? Warum?

✗ Vergleichen Sie Ihre Ergebnisse mit denen von zwei oder drei anderen Lernenden.

✗ Welche verschiedenen Lernhilfen kann man nutzen, um die Aufgabe, die der Mann lösen will, zu bewältigen? Nennen Sie bitte alle Lernhilfen, die Ihnen einfallen.

Wie andere mit Medien lernen

Manche Lernende setzen beim Deutschlernen gerne verschiedene Medien ein.

✘ Betrachten Sie bitte das folgende Foto aus einem Selbstlernzentrum und notieren Sie, womit die Lernenden hier arbeiten.

Medien zum Lernen	was ich damit lernen kann	wie ich damit lerne

✘ Ergänzen Sie diese Liste in der ersten Rubrik, indem Sie weitere Medien nennen, die für das Deutschlernen nützlich sein können.

✘ Füllen Sie die mittlere und die rechte Rubrik aus und notieren Sie alles, was Ihnen zum Deutschlernen einfällt. Beachten Sie, dass man manche Medien bei unterschiedlichen Lernaufgaben einsetzen kann.

✘ Setzen Sie sich nun mit ein oder zwei anderen Lernenden zusammen. Besprechen Sie miteinander Ihre Ergebnisse und erklären Sie sich gegenseitig Ihre Lernweisen.

Sich auf das Lernen vorbereiten

Wenn man sich auf eine längere Lernphase vorbereitet, dann stellt man sich auf sehr unterschiedliche Art und Weise darauf ein.

✗ Schauen Sie sich die Lernenden auf dem Foto an und beachten Sie, wie sie sich zum Lernen eingerichtet haben.

✗ Sammeln Sie anhand dieses Fotos mindestens drei Strategien, die die Lernenden hier nutzen. Versuchen Sie diese als Lerntipps zu formulieren, um sie an andere weiterzugeben.

Lerntipp 1:

Lerntipp 2:

✗ Setzen Sie sich nun mit zwei oder drei anderen Lernenden zusammen. Lesen Sie einander Ihre Lerntipps vor und besprechen Sie deren Nützlichkeit.

✗ Wählen Sie abschließend denjenigen Lerntipp aus, der Ihnen allen am besten gefällt und begründen Sie Ihre Entscheidung.

Mit Fantasie lernen

Mit Fantasie kann man sich manchmal die Vokabeln viel leichter merken.

So berichtete kürzlich eine Schülerin, wie sie sich sogar schwierige lateinische Vokabeln merkt. Anstatt sich vergeblich die tatsächliche Bedeutung eines Wortes krampfhaft einzuprägen, merkt sie sich Gedanken und Bilder, die ihr beim Klang des Wortes in den Sinn kommen.

Hier ihr Beispiel:

schwierige Vokabel: cubare (lateinisch)   liegen (deutsch)
ihre Gedanken: Kuh - Bare

Diese Zusammenstellung fand die Schülerin sehr lustig, weil sie sich das im Geiste auch noch als Bild ausmalte. Etwa so:

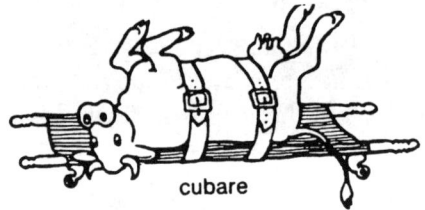

cubare

✗ Vielleicht ist Ihnen dieser Trick ja auch für das Deutschlernen ganz sympathisch. Vielleicht haben Sie ihn selber schon einmal benutzt. Fallen Ihnen für Deutsch Beispiele ein, die Sie an andere weitergeben könnten?

Vokabeln, die ich mir merken möchte	meine Bilder zum Behalten

Mit Hörbildern Deutsch lernen

Um sich etwas einzuprägen, benutzen manche Lernende die Hilfe von Fantasiebildern, die sie in ihrem Kopf entstehen lassen und die ihnen helfen, sich immer wieder leicht an eine bestimmte Sache zu erinnern.

✘ Hören Sie sich einmal die Geschichte zum Eiffelturm an (Anhang 1 auf S. 119), die Ihnen jemand vorliest. Probieren Sie aus, welches Hörbild bei Ihnen entsteht.

✘ Setzen Sie sich nun mit drei oder vier anderen Lernenden zusammen; tauschen Sie Ihre Erfahrungen über diese oder ähnliche Lernstrategien aus.

✘ Gab es früher beim Deutschlernen bereits Lernsituationen, in denen Sie ähnlich vorgegangen sind und sich Bilder zum Lernstoff gemacht haben? Welche?

Lernorte und Lernarten auswählen

Jeder Mensch lernt anders. Dazu sucht er unterschiedliche Lernorte auf und benutzt seine individuellen Lernarten.

✘ Lassen Sie sich den Text mit den beiden Beispielen (Anhang 2 auf S. 120) von jemandem vorlesen. Notieren Sie anschließend, welche Lernorte Herr Friedrich und der Sänger wählen und welche Lernarten sie anwenden.

✘ Wie schätzen Sie diese Lernorte für sich selber ein? Würden Sie diese gerne einmal ausprobieren?

✘ Haben Sie auch Ihre persönlichen Lernorte? Wo lernen Sie am liebsten Deutsch?

✘ Welche Lernarten sind für Sie und Ihr Deutschlernen besonders geeignet?

Von anderen lernen

Im Deutschunterricht wird stets eine Menge gelernt. Viele Lernende lernen am liebsten laut.

✘ Versuchen Sie einmal, die anderen über einen längeren Zeitraum beim Lernen zu beobachten und genau hinzuhören, wie sie das machen.

Ihre Beobachtungen können Sie so notieren:

Name	Lernaufgabe	Lernstrategie

✘ Welche von allen Lernstrategien, die Sie bei Ihren Beobachtungen herausgefunden haben, gefällt Ihnen am besten? Markieren Sie diese mit einem Leuchtstift in Ihrer Liste und erproben Sie sie bei der nächsten Gelegenheit.

Andere Lernende befragen

Sehr oft kann man von anderen eine Menge lernen. Das gilt auch für das Deutschlernen. Der einfachste Weg herauszubekommen, wie andere lernen, besteht darin, sie einfach zu befragen.

✘ So können Sie zusammen mit sechs oder mehr anderen Lernenden ein Interview vorbereiten, durchführen und auswerten.

1. Vorbereitung des Interviews
Füllen Sie zwei oder drei Interviewkarten aus, indem Sie jeweils die Lernaufgabe eintragen, die für Sie wichtig ist, also z. B. Vokabeln lernen.

Ich möchte gern wissen, wie Sie ...

Bitte erklären Sie mir, wie Sie das machen.

Antworten der Interviewpartner/-partnerinnen

Nr. 1:

Nr. 2:

Nr. 3:

Geben Sie die Karten mit Ihren Eintragungen dann wieder zurück, indem Sie sie mit der Schrift nach unten zu den Karten der anderen Lernenden auf einen Tisch legen. Sobald alle ihre Karten abgegeben haben, werden sie gemischt.

2. Durchführung des Interviews
Jeder zieht nun eine Karte und befragt alle übrigen Lernenden nach ihren Lerntechniken, beantwortet auch deren Fragen und trägt in Stichworten die Antworten der Interviewpartner/-partnerinnen ein.

Wenn die Karte voll ist und noch Zeit bleibt, zieht man eine neue Karte und beginnt eine weitere Interviewrunde.

3. Auswertung der Interviews
Nun werden die Karten mit der Lernaufgabe und allen genannten Lerntechniken vorgelesen und erklärt. Falls mehrere Interviewkarten mit der gleichen oder einer ähnlichen Lernaufgabe vorhanden sind, werden sie zusammen besprochen.

✗ Notieren Sie sich die drei wichtigsten Lerntechniken und hängen Sie diesen auf einem Zettel dann gut sichtbar an Ihrem Arbeitsplatz zu Hause auf.

Ein Ideenkarussell machen

„Mal sehen, wie's die anderen machen!" Um herauszufinden, wie andere Deutsch lernen, kann ein Ideenkarussell ganz nützlich sein. So kann man es in Schwung bringen:

✘ Setzen Sie sich bitte mit einigen anderen Lernenden zusammen. Jeder wählt eine beliebige Lernaufgabe beim Deutschlernen aus, z. B. Grammatik lernen, teilt sie in mehrere kleine Schritte auf und schreibt diese auf einem Blatt untereinander auf. So wie in diesem Beispiel:

Grammatik lernen

grammatische Strukturen herausfinden

Grammatikregeln formulieren

Grammatikregeln nachschlagen

Grammatikregeln notieren

Grammatikregeln einprägen

Grammatik üben

Grammatikfehler feststellen

Grammatikregeln anwenden

✘ Alle Mitglieder der Gruppe reichen nun ihr Blatt nach rechts im Kreis herum. Jeder trägt Ideen und Vorschläge zum Lernen der genannten Aufgabe ein und gibt das Blatt weiter.

✘ Sobald jeder das eigene Blatt zurückerhalten hat, werden alle Vorschläge vorgelesen und besprochen. Es können auch Rückfragen gestellt werden.

✘ Diejenigen Lerntipps, die einem am besten gefallen, werden zum Schluss mit einem Leuchtstift markiert oder auf einen Merkzettel geschrieben.

Ein Lernposter machen

Es ist beim Deutschlernen oft ganz gut zu wissen, wer sich womit auskennt, wen man etwas fragen kann. Man sollte sich deshalb einen Überblick verschaffen. Dabei kann ein Lernposter ganz nützlich sein, das man in der Klasse aushängt.

1. Vorbereitung des Posters
Höchsten sechs bis acht Lernende setzen sich zusammen, um sich gegenseitig Auskunft darüber zu geben, wie sie Deutsch lernen. Jede/r darf das nennen, was sie oder er für das Lernförderlichste hält, und schreibt es auf einen Zettel.

2. Anfertigung des Posters
Alle nennen nun nacheinander ihre Lerntechnik, erklären, wann und wie diese Technik eingesetzt wird, und begründen sie. Die anderen stellen Rückfragen und diskutieren miteinander, inwieweit diese oder andere Lerntechniken für die jeweilige Lernaufgabe geeignet sind. Wer seine Lerntechnik genannt hat, schreibt sie anschließend in Schönschrift auf ein großes Blatt oder einen großen Karton und fügt seinen Namen hinzu.
So kann das Poster angelegt werden:

Vorname, Name	Am liebsten lerne ich so:
...	

Das Poster kann natürlich durch farbige Schrift, kleine Zeichnungen etc. – je nach Geschmack – noch verschönert werden.

3. Auswertung des Posters
Die Lernenden wählen nun drei Lerntechniken aus, die sie genauer kennen lernen wollen, wenden sich an diejenigen, die sie geschrieben haben, und fragen sie nach ihren Erfahrungen und Tipps. Sie selber stehen den anderen auch für Antworten zur Verfügung.

„Immer wenn ich Deutsch lerne, …"

Wie dieser Satz weitergeht und welche Tricks und Tipps zum Deutschlernen verraten werden, das bestimmen die Mitglieder einer Gruppe, die nicht größer als sechs bis acht Personen sein sollte.

✘ Alle Gruppen erhalten ein Blatt, auf dem der Anfang eines Berichtes steht, wie in diesem Beispiel:

> **Immer wenn ich Deutsch lerne, …**
> **benutze ich meine Vokabelkartei.**
> …
> …

✘ Ein Gruppenmitglied beginnt, indem sie/er den Satzanfang zu einem vollständigen Satz ergänzt, und gibt das Blatt weiter. Die/Der Nächste ergänzt ebenfalls den einleitenden Satz mit einer Lerntechnik aus der eigenen Erfahrung. Das Blatt wandert so lange weiter, bis alle Ideen notiert sind.

✘ Die Berichte werden vorgelesen, besprochen und schließlich an die Wand gehängt.

Lerntechniken nach dem Strategierad

Um erfolgreich Deutsch zu lernen, sollte man zunächst wissen, was es für einen persönlich alles zu lernen gibt und welche Ziele man sich im Einzelnen setzt.

Für die verschiedenen Fertigkeitsbereiche (Hörverstehen, Leseverstehen, Sprechen, Schreiben) und für die einzelnen Kenntnisbereiche (z. B. Wortschatz, Grammatik, Aussprache, Rechtschreibung) gibt es wiederum eine Menge untergeordneter Teilziele, z. B. beim Wortschatz die richtige Aussprache der Vokabeln.

Will man sich mit anderen Lernenden über verschiedene Lernstrategien zum Lernen dieser Teilbereiche unterhalten, dann kann ein Strategierad als Drehspiel ein ganz guter Anlass sein.

Um ein Drehspiel herzustellen, benötigen Sie einen farbigen Karton, der etwa 10 x 10 cm groß ist. Darauf zeichnen Sie einen Kreis. Zu einem beliebigen Lernbereich, z. B. zum Vokabellernen, notieren Sie möglichst viele Lernaufgaben. Teilen Sie den Kreis in gleich große Segmente, je nach der Anzahl der Lernaufgaben, die sie notiert haben. Schreiben Sie die Lernaufgaben in die Segmente wie in der Abbildung.

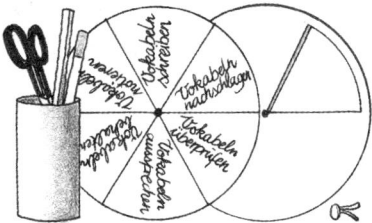 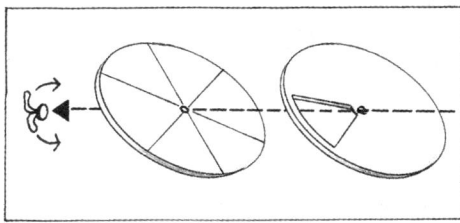

In der Größe des ersten Kreises schneiden Sie einen zweiten Kreis aus. Er bekommt ein Sichtfenster, das die Größe und Form eines der Segmente des ersten Kreises haben muss. Beide Kreise heften Sie im Mittelpunkt mit einer Klammer locker zusammen, so dass sich der obere Kreis drehen lässt. Dadurch wird immer eine Lernaufgabe aufgedeckt, zu der Sie oder Ihre Lernpartnerin, Ihr Lernpartner eine oder mehrere Lernstrategien nennen müssen.

Nun können Sie sich verschiedene Drehspiele zu unterschiedlichen Lernbereichen bauen. Wenn Sie sie gemeinsam mit einem Freund oder einer Freundin basteln, können Sie sie untereinander tauschen, sie zu einem Fragespiel machen oder mit mehreren auch als Wettspiel benutzen.

Deutsch zum Anfassen

Für manche Lernenden ist es hilfreich, das, was man lernen möchte, in die Hand zu nehmen, es zu „be-greifen", um es richtig zu verstehen und behalten zu können. Für solche Lernenden kann es sinnvoll sein, sich Karten für eine Lernkartei herzustellen.

Der Behälter für die Karten wird aus Karton ausgeschnitten und zusammengeklebt oder man nimmt aus dem Haushalt kleine ausgediente Schachteln, die man nur noch aufzufüllen braucht. Auf selbstgemachten Karteikarten (oder Zetteln) wird alles Wissenswerte zum Deutschlernen gespeichert, vor allem Lerntipps, Lernstrategien und Eselsbrücken.

Wer mag, kann die Karteikarten auch mit Farbstiften kennzeichnen oder sie auch künstlerisch verzieren. Ist die Zahl der Karteikarten erst einmal angewachsen, dann kann man sie durch etwas höhere Trennkarten nach Sachgebieten ordnen.

Möchten Sie jetzt einmal den Anfang für Ihre Lernkartei machen? Dann schneiden Sie sich Zettel oder Kärtchen, die etwa 6 x 8 cm groß sind. Schreiben Sie auf jedes einen wichtigen Lerntipp zum Deutschlernen. Später können Sie diese Sammlung immer wieder ergänzen und sich beim Durchblättern auch an wichtige Lerntipps erinnern.

Die eigene Lernkompetenz einschätzen

Alle Deutschlernenden haben in der Regel eine Reihe von Schuljahren hinter sich und haben damit schon eine ganze Menge an Wissen darüber gesammelt, wie sie am erfolgreichsten lernen. Die eine oder andere Lernstrategie tritt dabei manchmal in den Hintergrund oder gerät sogar ganz in Vergessenheit.

In dieser Aufgabe können Sie sich wieder einige Ihrer Erfolgsstrategien bewusst machen, indem Sie die folgenden Sätze vervollständigen und sich dabei an Ihre eigenen Tricks und Tipps erinnern.

Das Wichtigste für mein Fremdsprachenlernen ist …

Was mir beim Deutschlernen am meisten Freude bereitet, ist …

Das Schwierigste beim Deutschlernen ist für mich …

Die beste Strategie für's Deutschlernen ist für mich, …

Wenn ich etwas nachschlagen muss, dann …

Wenn ich mir etwas merken will, dann …

Wenn ich etwas flüssig auf Deutsch ausdrücken will, dann …

Wenn ich etwas fehlerlos auf Deutsch schreiben möchte, dann …

Wenn ich …

Lernerinnerungen

Alle Lernenden kennen bereits eine Menge von Lernstrategien. Welche kennen Sie eigentlich? Welche wenden Sie beim Deutschlernen an?

Versuchen Sie einmal sich zu erinnern. Schreiben Sie alle Lernstrategien auf, die Ihnen für Ihr Lernen während des Unterrichts und zu Hause in den Sinn kommen. Denken Sie dabei auch an Lernzeiten, Lernhilfen, Lernpartner usw. Beginnen Sie Ihre Liste mit der Überschrift: „So lerne ich Deutsch".

Gibt es Aufgaben, zu denen Sie gerne mehr oder andere Lernstrategien kennen lernen möchten? Dann fragen Sie Ihren Lehrer bzw. Ihre Lehrerin, andere Lernende, eine Freundin bzw. einen Freund. Oder blättern Sie ein wenig in diesem Büchlein herum! Sie werden bestimmt noch ein paar neue Tipps entdecken!

Wer lernt wie?

Zwar haben alle Lernenden ihre ganz persönliche Lernweisen. Dennoch ist es manchmal ganz nützlich, sich auch am Lernen anderer zu orientieren und auf deren Erfahrungen zurückzugreifen. Hier und da kann man dabei ganz gute Lerntipps bekommen.

Die folgende Aufgabe soll Sie dazu anleiten, über das eigene Lernen nachzudenken, sich Ihrer eigenen Lernkompetenz bewusst zu werden, aber auch dazu, wie Sie Hinweise und Anregungen zu deren Verbesserung erhalten können.

✘ Bearbeiten Sie die folgende Frage, indem Sie Zutreffendes ankreuzen (x).

Welche der folgenden Aspekte treffen auf wen zu?

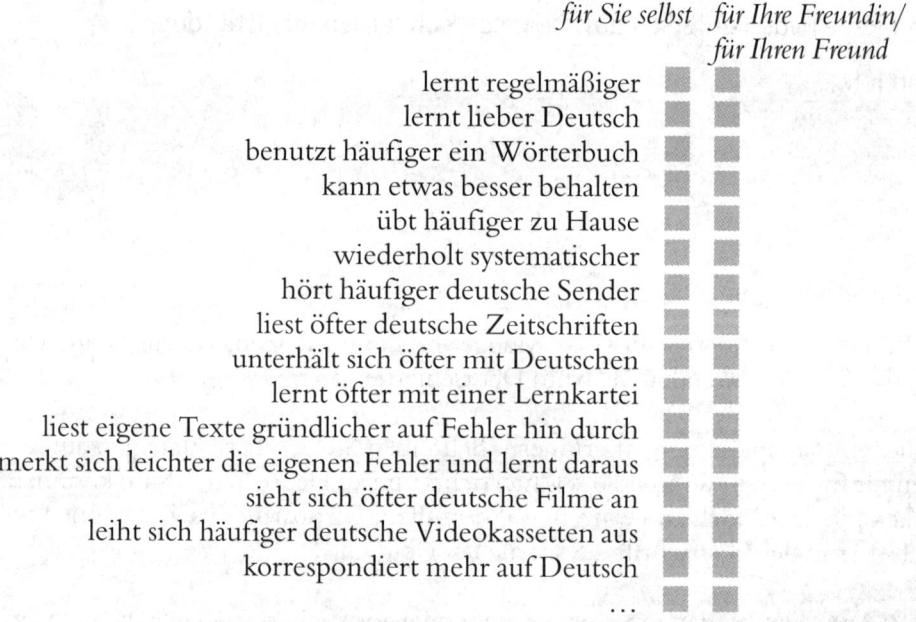

	für Sie selbst	*für Ihre Freundin/ für Ihren Freund*
lernt regelmäßiger	▪	▪
lernt lieber Deutsch	▪	▪
benutzt häufiger ein Wörterbuch	▪	▪
kann etwas besser behalten	▪	▪
übt häufiger zu Hause	▪	▪
wiederholt systematischer	▪	▪
hört häufiger deutsche Sender	▪	▪
liest öfter deutsche Zeitschriften	▪	▪
unterhält sich öfter mit Deutschen	▪	▪
lernt öfter mit einer Lernkartei	▪	▪
liest eigene Texte gründlicher auf Fehler hin durch	▪	▪
merkt sich leichter die eigenen Fehler und lernt daraus	▪	▪
sieht sich öfter deutsche Filme an	▪	▪
leiht sich häufiger deutsche Videokassetten aus	▪	▪
korrespondiert mehr auf Deutsch	▪	▪
...	▪	▪

✘ Setzen Sie sich nun mit einigen anderen Lernenden zusammen und fragen Sie sie nach ihren Lernerfahrungen. Achten Sie besonders auf die Dinge, die Sie angekreuzt haben. Hier sollten Sie nachfragen, denn es gibt vielleicht ein paar gute Anregungen!

Mit einer Lernpartnerin, einem Lernpartner lernen

Viele denken, „selbstständig lernen" heißt „alleine lernen". Das muss gerade beim Fremdsprachenlernen nicht sein. Es ist oft viel besser, mit einem Lernpartner, einer Lernpartnerin zusammenzuarbeiten.

Hier ist ein Bericht von einer Schülerin, die gerade Englisch lernt.

So lerne ich mit meiner Schwester

„Meine Hausaufgaben mache ich meistens zwischen drei Uhr und fünf Uhr nachmittags. Oft hilft mir meine kleine Schwester dabei. Sie hört mich ab, wenn ich die Englischvokabeln lerne. Wenn ich beim Auswendiglernen von einem Gedicht stecken bleibe, dann hilft sie mir weiter. Manchmal erzähle ich ihr auch etwas auf Englisch. Das versteht sie zwar nicht alles (sie fängt nämlich jetzt erst mit dem Englischlernen an), aber sie hört interessiert zu.
Was ich sehr interessant finde, ist, dass meine Schwester beim Lernen oft ganz anders vorgeht als ich. Dabei schaue ich mir ab und zu einiges bei ihr ab!"

✗ Sicher haben Sie auch jemanden, mit dem Sie ab und zu gemeinsam Deutsch lernen. Schreiben Sie einmal auf, wie Sie gemeinsam beim Deutschlernen vorgehen könnten.

✗ Lesen Sie nun Ihren Bericht den anderen Lernenden vor. Hören Sie sich aber auch an, wie sie lernen. Vielleicht können Sie dabei ja ein paar neue Ideen bekommen!

Viele Wege führen zum Erfolg

Alle Lernenden haben ihre eigenen Lernweisen, um ihre Lernziele zu erreichen.

Mein Lernziel: Ich möchte eine einprägsame Form für eine bestimmte Grammatikregel, hier zum Artikel, herausfinden, damit ich sie mir leicht merken kann.

✘ Kreuzen Sie an, welche der folgenden Formen für Sie am besten geeignet sein könnte, um sich die Regel zu merken.

    Beispiel 1:   Es gibt drei verschiedene Artikeltypen, nämlich
                    – den bestimmten Artikel, z. B. *der*
                    – den unbestimmten Artikel, z. B. *ein*

Auch wenn kein Artikel erscheint, gibt es dafür eine Bezeichnung, nämlich den Nullartikel; dieser ist bekannt als Plural des unbestimmten Artikels: *eine Straße – Straßen.* Wir verwenden folgendes Symbol für den Nullartikel: Ø

    Beispiel 2:   System der drei Artikelgruppen[1]

	bestimmter Artikel	unbestimmter Artikel	Nullartikel
Sing.	der, die, das	ein, eine	Ø
Plur.	die	Ø	Ø

    Beispiel 3:   Edel sei der Mensch, hilfreich und gut.
                  Ein Unglück kommt selten allein.
                  Geld macht nicht glücklich, aber es beruhigt.
                  Neue Besen kehren gut.

    Meine Alternative:

---

1 nach Bernd Latour: Mittelstufen-Grammatik für Deutsch als Fremdsprache. Max Hueber Verlag: Ismaning 1988, S. 100.

Mein Lernziel: Ich möchte in einem deutschen Text das Wichtigste kennzeichnen und dazu die mir am besten erscheinenden Markierungsweisen auswählen.

✘ Kreuzen Sie an, wie Sie vorgehen wollen. (maximal drei Kreuzchen setzen)

Ich werde die wichtigen Textstellen

- mit einem farbigen Leuchtstift überstreichen
- mit einem Stift unterstreichen
- am Rande anstreichen

- am Rande ankreuzen
- einrahmen
- umkreisen
- …

Mein Lernziel: In einem deutschen Text finde ich oft eine Fülle unbekannter Wörter. Ich möchte deren Bedeutung herausfinden.

✘ Kreuzen Sie an, wie Sie vorgehen wollen. (maximal drei Kreuzchen setzen)

- in einem Wörterbuch nachschlagen
- im Schulbuch nachschlagen
- aus dem Kontext erschließen
- im Hausheft nachschlagen
- mit Hilfe von Wortbildungsregeln erraten

- meine Lehrerin oder meinen Lehrer fragen
- andere Lernende fragen
- in meiner Vokabelkartei nachschlagen
- in meiner Vokabelliste im PC nachschauen
- …

✘ Besprechen Sie Ihre Ergebnisse mit einem Lernpartner oder einer Lernpartnerin.

Gesammelte Erfahrungen

Eine ähnliche Aufgabe wie die folgende kommt in fast allen Deutschlehrwerken vor.

15. Kommst du zum Abendessen?

] 27

Lesen Sie zuerst die Fragen und
hören Sie dann das Gespräch.

a) Was trinkt Inge?
b) Was trinkt Markus?
c) Was essen sie als Vorspeise?
d) Was essen sie als Hauptgericht?
e) Was ist die Nachspeise?

16. Üben Sie.

○ Schmeckt der Wein nicht?

☐ Nein, er ist sauer.

Man soll in dieser Aufgabe also einen Text von der Kassette anhören und möglichst genau verstehen, um danach Fragen zum Inhalt beantworten zu können. Das ist oft gar nicht so leicht! Deswegen ist es gut, einmal viele Erfahrungen beim Hören und Verstehen zusammenzustellen, um sich dann die beste Lernstrategie herauszusuchen.

✗   Setzen Sie sich mit ein oder zwei anderen Lernenden zusammen und besprechen Sie, wie man eine solche Aufgabe gut meistern kann und welche Strategien Sie einsetzen würden.

Vor dem Hören
Denken Sie an die Gestaltung Ihres Arbeitsplatzes, an das vorliegende Material und was es bereits „verrät", an die verfügbare Zeit, an nötige Schreibutensilien etc. Machen Sie dazu Notizen.

Während des Hörens
Denken Sie an verschiedene Möglichkeiten sich zu konzentrieren, an die Auswahl des Wichtigsten, an verschiedene Arten Notizen zu machen, an Hilfen, die das Gedächtnis unterstützen etc. Notieren Sie Ihre Verfahren.

Nach dem Hören
Denken Sie an mögliche Ergänzungen zu den Notizen, an die Nutzung der Notizen zum Erinnern, an die Anwendung von Gedächtnisstrategien etc. Schreiben Sie auf, wie Sie vorgehen.

✘ Nun probieren Sie Ihre Strategien an einem beliebigen deutschen Text, den Sie auf Kassette haben, bewusst aus und besprechen Sie anschließend Ihre Erfahrungen miteinander.

Lernstrategien auswählen

Unter der Vielzahl der möglichen Lernstrategien sollte man stets diejenige auswählen, die für einen selber geeignet ist – selbst wenn die anderen Lernenden anders vorgehen.

✘ Versuchen Sie einmal aus den folgenden Beispielen diejenigen herauszusuchen, die Ihnen brauchbar erscheinen, und kreuzen Sie sie an.

▨ Um Grammatikregeln anwenden zu können, sollte man sie Wort für Wort auswendig lernen.

▨ Um Grammatikregeln anwenden zu können, sollte man möglichst viele Beispielsätze bilden.

▨ Bei der Erledigung der Hausaufgaben sollte man erst alle schriftlichen und dann alle mündlichen Aufgaben machen.

▨ Bei der Erledigung der Hausaufgaben sollten unterschiedliche Aufgabenstellungen miteinander abwechseln.

▨ Beim intensiven Lesen kann Musik das Verstehen unterstützen.

▨ Zum intensiven Lesen sollte man einen ruhigen Arbeitsplatz aufsuchen.

▨ Beim Vokabellernen sollte man sich die Wörter im Vokabelverzeichnis so lange von oben bis unten einprägen, bis man sie behält.

▨ Beim Vokabellernen sollte man sich die Wörter auf verschiedene Weisen einprägen und dabei ihre Reihenfolge immer wieder ändern.

▨ Beim Hören eines deutschen Textes von einer Kassette sollte man versuchen, schon beim ersten Hören jedes Wort zu verstehen.

▨ Beim Hören eines deutschen Textes von einer Kassette sollte man versuchen, beim ersten Hören die wichtigsten Gedanken zu erfassen und unbekannte Wörter zu überhören.

Eigene Lernstrategien erkunden

Wenn Sie über Ihr Deutschlernen nachdenken, dann fallen Ihnen bestimmt eine Menge von Lernstrategien ein, die Sie immer wieder oder ab und zu einsetzen.

✘ Versuchen Sie, mit Hilfe einer *mind map* so viele Ihrer Lernstrategien zusammenzutragen, wie Ihnen einfallen. Es kommt darauf an, möglichst viele Notizen zu machen, sie miteinander zu vergleichen und sie dabei auch ein wenig einander zuzuordnen.

✘ Sobald Sie denken, dass Ihnen keine weiteren Lernstrategien mehr einfallen, hängen Sie die *mind map* zu Ihrer Orientierung an Ihrem Arbeitsplatz auf.

<u>Meine Lernstrategien beim Deutschlernen</u>

Einen Merkzettel zu wichtigen Lernstrategien schreiben

Will man sich bestimmte Lernstrategien besonders gut merken, um sie immer wieder beim Deutschlernen einzusetzen, dann kann es anfangs nützlich sein, sie auf einen Merkzettel zu schreiben und diesen am eigenen Arbeitsplatz aufzuhängen oder ins Deutschheft zu kleben. So wird man immer wieder „mit einem Blick" an diese Lernstrategie(n) erinnert.

Bei diesem Verfahren kommt es nicht auf die Menge an, sondern auf die gute Auswahl der Lernstrategien.

✘ Versuchen Sie das einmal, indem Sie auf einem Merkzettel notieren, worauf Sie z. B. beim „Fehlerlesen" in Ihren eigenen Texten (oder auch „Korrekturlesen" genannt) besonders achten wollen.

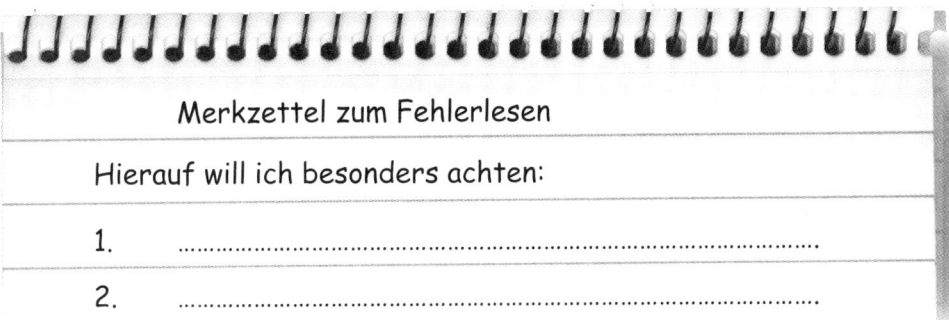

Merkzettel zum Fehlerlesen

Hierauf will ich besonders achten:

1. ....

2. ....

✘ Welche weiteren Merkzettel möchten Sie sich außerdem noch machen? Nennen Sie drei verschiedene Lernbereiche und Themen, die Sie in der nächsten Zeit besonders bearbeiten möchten.

✘ Fertigen Sie nun für jeden dieser Lernbereiche einen eigenen Merkzettel mit Lernstrategien an und hängen Sie ihn an Ihrem Arbeitsplatz auf.

Eine Lernecke entsteht

Will man möglichst schnell viele verschiedene Lerntechniken zusammenstellen, dann macht man das am besten im Team. Die folgende Aufgabe kann dazu nützlich sein; außerdem macht sie auch noch Spaß.

✗ In einer Gruppe von drei bis vier Lernenden nimmt jede/r ein leeres Blatt und schreibt in die erste Zeile:

Lerntechniken zum ...

✗ Jedes Gruppenmitglied ergänzt in der Überschrift nun denjenigen Lernbereich, der für sein persönliches Lernen besonders wichtig ist, z. B. Vokabellernen, Hörverstehen, Grammatiklernen, Auswendiglernen, und unterstreicht die nun vollständige Zeile als Überschrift.

✗ In der ersten Runde schreibt jede/r eine passende Lerntechnik auf und reicht das Blatt nach rechts weiter und der Nachbar oder die Nachbarin ergänzt eine weitere Lerntechnik. In gleicher Weise wird das Blatt sechsmal herumgereicht, so dass sechs verschiedene Lerntechniken eingetragen werden können. (Falls niemandem mehr etwas einfällt, muss früher abgebrochen werden.)

✗ Danach erklären die Gruppenmitglieder einander, wie die notierten Lerntechniken im Einzelnen funktionieren und vergleichen sie mit den übrigen Lerntechniken, die auch notiert wurden.

✗ Abschließend werden die Ergebnisse im Klassenplenum vorgestellt, diskutiert und danach an eine Wand des Klassenzimmers geheftet. Diese Blätter stellen dann den Beginn einer Lernecke dar, wo man sich immer wieder über das „Lernen lernen" orientieren kann.

Einen Lernstern machen

Viele Lernstrategien fallen einem ein, wenn man begonnen hat, über eine einzelne Strategie etwas genauer nachzudenken. Der folgende Lernstern zu „Lernstrategien zum Schreiben" kann solche Gedanken anregen.

Man schreibt auf jeden einzelnen Strahl des Sterns eine Lernstrategie. Je mehr Strategien einem einfallen, desto mehr Strahlen bekommt der Stern. Dabei ordnet man die Strategien so an, dass gegensätzliche oder sehr verschiedene Strategien einander gegenüberstehen, ähnliche oder verwandte Lernstrategien sich aber nebeneinander oder möglichst nahe beieinander befinden.

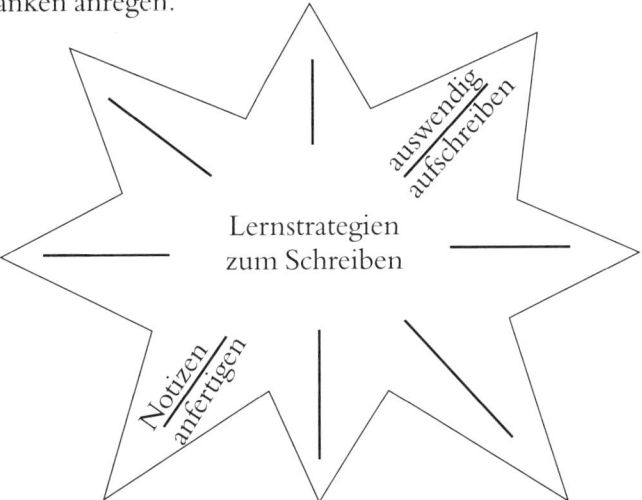

✘ In unserem Beispiel könnten zum Beispiel noch folgende Strategien auf je einem Sternstrahl ergänzt werden:

Umschreibungen machen   Wörterbuch benutzen
Symbole benutzen   Abkürzungen benutzen
gliedern   *mind maps* herstellen

Wie würden Sie diese Strategien in den Stern einbauen? Vielleicht fallen Ihnen auch noch weitere Strategiepaare ein. Wenn Sie fertig sind, zeigen Sie Ihren Stern einem Lernpartner, einer Lernpartnerin und erklären:
– inwiefern diese Lernstrategien zueinander in Distanz stehen
  oder aber nahe zusammengehören,
– wozu sie dienen,
– wann sie eingesetzt werden.

✘ Besprechen Sie die Lösungen und überprüfen Sie, ob etwas umgestellt oder ergänzt werden muss. Schauen Sie sich danach den Lernstern Ihres Partners, Ihrer Partnerin an.

Mein Handwerkszeug zum Deutschlernen

Um erfolgreich zu lernen, sollte man sein Handwerkszeug und die verschiedenen Lernhilfen kennen. Vieles davon sollte am Arbeitsplatz griffbereit zur Verfügung stehen.

✗ a) Sehen Sie sich die folgende Zeichnung von einem Arbeitsplatz an und machen Sie eine Liste aller Lernhilfen, die für Ihr Deutschlernen wichtig sein könnten. Sie dürfen natürlich auch weitere Lernhilfen einzeichnen und Ihre Liste verlängern.

Abb. 17

✗ b) Tragen Sie die Lernhilfen aus Ihrer Liste in eine solche Tabelle ein und notieren Sie für jede einzelne Lernhilfe, zu welchen verschiedenen Lernaufgaben sie eingesetzt werden kann.

Lernhilfe	wozu sie dienen kann

✗ Betrachten Sie Ihren eigenen Arbeitsplatz, an dem Sie zu Hause Deutsch lernen. Wie haben Sie Ihre Lernhilfen und Arbeitsmaterialien angeordnet? Gibt es Unterschiede im Vergleich zur Abbildung oben? Möchten Sie Ihren Arbeitsplatz neu gestalten? Wenn ja, wie? Machen Sie eine Liste dessen, was Sie verändern möchten. Fertigen Sie vielleicht auch zuvor eine Planskizze an.

✗ Welche der Lernhilfen aus b) benutzen Sie regelmäßig? Markieren Sie diese am Rande mit einem (x). Welchen haben Sie noch nicht (oft) eingesetzt und möchten sie bald einmal ausprobieren? Markieren Sie sie mit einem Leuchtstift.

Viele Lerntechniken führen zum Erfolg

Oft ist es so, dass eine einzige Lerntechnik nicht ausreicht. Eine Kombination verschiedener Lerntechniken, die aufeinander aufbauen, ist zumeist der erfolgreichere Weg.

Beispiel: Das Vokabellernen

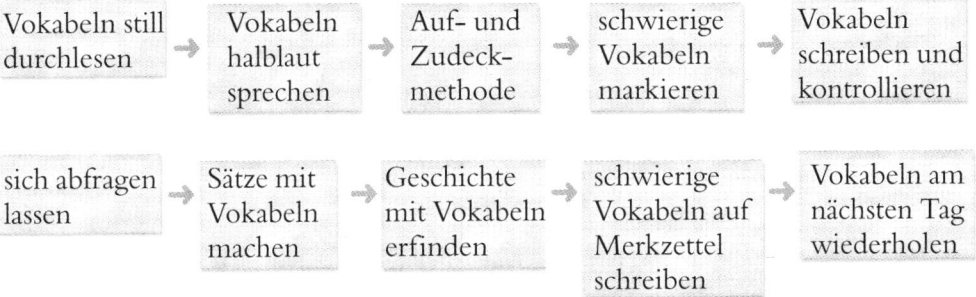

Vokabeln still durchlesen → Vokabeln halblaut sprechen → Auf- und Zudeckmethode → schwierige Vokabeln markieren → Vokabeln schreiben und kontrollieren

sich abfragen lassen → Sätze mit Vokabeln machen → Geschichte mit Vokabeln erfinden → schwierige Vokabeln auf Merkzettel schreiben → Vokabeln am nächsten Tag wiederholen

✗ Versuchen Sie nun für eine der folgenden Aufgaben eine ähnliche Darstellung zu machen.

▨ Das Einprägen einer Grammatikregel
▨ Das Auswendiglernen
▨ Das Schreiben eines Berichtes

✗ Hängen Sie Ihre Skizzen zur Erinnerung an Ihrem Arbeitsplatz auf.

Mit Limericks lernen

Reime und Gedichte zum Lernen waren bei Lernenden immer beliebt. Wenn sie dann noch so lustig sind wie die meisten Limericks und gleichzeitig beim Lernen nützen, dann lohnt sich die Mühe, vielleicht auch mal einen Limerick zum Deutschlernen selber zu machen.

Hier sind ein paar Beispiele:

Sie lernte die deutsche Sprache
und dachte, das ist so 'ne Sache.
Sie fuhr in das Land
und schon wurd' ihr bekannt:
Vor Ort lernt man das Tausendfache!

Sie machte Notizen von Wörtern
und konnte bald vieles erörtern.
Und ganz ohne Hetze
schrieb sie lange Sätze.
Das konnte ihr Lernen nur fördern.

Sie liebte die Eselsbrücken,
denn die helfen beim Füllen der Lücken.
Hier ein Vers zur Grammatik,
dort ein Spruch zur Phonetik,
das versetzt sie in großes Entzücken.

Genauso war es beim Schreiben:
Das wollte sie ständig betreiben.
Sie machte Notizen
und schrieb viele Skizzen.
Ihre Freude ist kaum zu beschreiben.

✘ Setzen Sie sich in kleinen Lerngruppen zusammen und lesen Sie einander abwechselnd die Limericks laut vor. Versuchen Sie dabei herauszufinden, wie Limericks aufgebaut sind. Welche Zeilen müssen sich reimen? Wie lang sind die jeweiligen Zeilen in etwa?

✘ Wer Lust hat, eigene Limericks über Lernstrategien aufzuschreiben, findet hier ein paar Vorschläge. Zur Erleichterung sind schon einige Reimwörter vorgegeben; sie können natürlich auch durch andere ersetzt werden.

Grammatiklernen
Grammatikstrukturen/Prozeduren/Zensuren
Karikaturen/Blessuren
gefoppt/bekloppt/gestoppt

Notizen machen
Tabellen/Stellen/erhellen
Raster/Zaster/Pflaster

Fehlerstatistik
Klopse/Synopse/Mopse/Gehopse
Fehler/fideler

deutsche Texte lesen
fantastisch/elastisch/bombastisch
Versuch/Buch

✘ Setzen Sie Ihren Namen als Dichter unter Ihre Limericks und tragen Sie sie den anderen vor. Hängen Sie sie anschließend im Klassenzimmer auf.

Die neue deutsche Rechtschreibung in Eselsbrücken

Manche Sprachregeln behält man besonders gut, wenn man sie sich in Form von Reimen, Gedichten oder Eselsbrücken merkt. Hier sind ein paar Beispiele zur neuen deutschen Rechtschreibung:

---

du und *dein* in einem Brief:
schreib's klein, denn das ist positiv.
euer, euch – das ist doch fein! –
schreibt man heute wieder klein.

---

*Jenseits von **gut und böse** –
schreib's klein, sonst gibt's Getöse!*

---

kennen lernen sind zwei Verben.
Durch Zusammenschreiben nicht
verderben!

Adjektiv plus Verb:
Trenn sie! Das ist superb!
(Beispiel: fein mahlen)
aber:
bereithalten – das ist doch klar –
ist nicht erweiter- und steigerbar.
Schreib es in einem Worte
– und and're von der Sorte!

Hobbys schreibt man Ypsilon -s
das ist korrekt und kein Exzess!

Hat das Adverb am End' ein -s,
schreib's klein, dann gibt's auch
keinen Stress.
(Beispiel: anfangs, abends, seitens)

✘ Gibt es einen Vers, der Ihnen besonders gut gefällt? Dann sprechen Sie ihn dreimal halblaut vor sich hin, um ihn zu behalten. Vielleicht tragen Sie ihn auch anderen Lernenden, einem Freund oder einer Freundin vor.

✘ Überlegen Sie, ob Sie selber auch einen Reim, Merkvers oder eine Eselsbrücke (oder mehrere) zum Deutschlernen kennen. Fragen Sie auch andere danach und notieren Sie sie auf einem Merkzettel.

Zeitplanung und Selbstmotivation beim Deutschlernen

Es ist oft recht lehrreich zuzuhören, wenn andere über ihr eigenes Lernen berichten.

✘ Lassen Sie sich von jemandem vorlesen, wie Herr Zinsmeister mit seiner Zeit umgeht (Anhang 3 auf S. 121) und notieren Sie, welche Lernstrategien zur Zeitplanung bzw. zur Selbstmotivation dort erwähnt werden bzw. welche Herr Zinsmeister anwenden sollte.

✘ Welche dieser Strategien wenden Sie auch regelmäßig an? Kennzeichnen Sie diese mit einem „r" auf Ihrem Notizzettel.

✘ Welche Strategien möchten Sie künftig einmal ausprobieren? Markieren Sie sie mit einem Leuchtstift.

✘ Welche weiteren nützlichen Strategien könnten Sie aus der eigenen Erfahrung ergänzen? Vervollständigen Sie die Notizen auf Ihrem Zettel.

Ein Strauß von Lernstrategien

Im Laufe der Zeit entdeckt man immer mehr Lernstrategien. Um sie zu sammeln, sollte man sie schön und deutlich aufschreiben und so aufbewahren, dass man sie immer wieder ansehen und die Sammlung auch leicht erweitern kann.

Ganz praktisch und außerdem hübsch anzusehen ist ein Blütenstrauß mit Lernstrategien. Man bastelt ihn am besten zu zweit oder zu dritt, um gleich von Anfang an viele Lernstrategien sammeln zu können.

Zum Basteln benötigt man:
pro Lernstrategie ein Rundholz (ein Stöckchen), für den Anfang etwa 20 Rundhölzer von ca. 30 cm Länge, Klebstoff, dicke und dünne Filzstifte, eine Schere und – am besten farbiges – Papier.

Auf das farbige Papier zeichnet man den Umriss von Blütenblättern, die jeweils zweifach ausgeschnitten werden. Sie sollten etwa 10 cm hoch sein, um genügend Raum für die Lernstrategie zu bieten. Mit einem farbigen Filzstift schreibt man in großer Schrift die Lernstrategie auf beide Blütenblätter. Dann versieht man ein Rundholz an einem Ende über ca. 5 cm mit Klebstoff; ebenso kommt Klebstoff auf die unbeschrifteten Seiten der beiden Blütenblätter. Mit dem Rundholz in der Mitte klebt man die beiden Blütenblätter an den Seiten zusammen. Wer nun noch Lust hat, kann weitere Blätter und Knospen in ähnlicher Weise an diesem Blumenstengel anbringen. Dann werden weitere Lernblüten hergestellt.

Hier ist ein Beispiel zum Vokabellernen.

Sobald alle Lernblüten fertig sind, stellt man sie zusammen als Strauß in ein hohes Glas.

✗ Zeigen Sie Ihre Sammlung anderen Lernenden, die Ihnen Fragen zum Einsatz der Lernstrategien stellen oder um Beispiele bitten können. Umgekehrt lesen Sie die Lernstrategien auf den Lernblüten der anderen und stellen Rückfragen. Später können Sie diesen Strauß von Lernstrategien immer wieder ergänzen.

ABC-Liste zum Lernenlernen

Sicher haben Sie eine Menge Lerntechniken, die sie im Unterricht oder zu Hause beim Deutschlernen anwenden. Schaffen Sie es wohl, sich für jeden Buchstaben des Alphabets an eine dieser Lerntechniken zu erinnern und ihre Bezeichnung aufzuschreiben?

✗ Schreiben Sie dazu alle Buchstaben des Alphabets untereinander auf einen Zettel und beginnen Sie mit der Sammlung.

✗ Setzen Sie sich danach mit anderen Lernenden zusammen, die ihrerseits diese Liste gemacht haben. Vergleichen Sie Ihre Ergebnisse und erklären Sie einander die Lerntechniken, die Sie notiert haben.

✗ Können Sie zum Schluss Ihre Liste durch weitere Lerntechniken ergänzen?

Die Lerntipplawine

Beim Deutschlernen ist es nützlich, sich immer wieder die eigenen Lernerfahrungen wie auch die anderer Lernender bewusst zu machen, um das eigene Lernen zu verbessern.

Möchte man viele Lerntipps bekommen, dann kann man rasch eine Lawine auslösen, wenn man so vorgeht:

✘ Setzen Sie sich mit anderen Lernenden (maximal sechs Personen) zusammen und notieren Sie auf kleinen Zetteln alle „Tricks", die Sie beim Deutschlernen häufig einsetzen. Je ein Trick gehört auf einen Zettel. Je mehr Tricks Ihnen einfallen, desto besser ist es.

✘ Lesen Sie danach einander Ihre Tricks vor, erläutern Sie, wozu und wieso Sie sie benutzen, und legen Sie die Lerntippzettel nach dem Vorlesen offen auf einen Tisch. Andere Lernende, die ähnliche Tipps geben können, lesen ihre entsprechenden Zettel vor und ordnen sie denen zu, die bereits auf dem Tisch liegen. Je ähnlicher die Tricks sind, desto dichter legt man sie zusammen; sind sie identisch, legt man sie übereinander.

Werden ganz andere Lerntechniken genannt, so liegen diese mit einigem Abstand zu den übrigen auf dem Tisch. Sie werden vielleicht später durch weitere Zettel ergänzt.

Auf diese Art entstehen mehrere Bündel von Zettelchen. Jedes Bündel erhält nun eine Überschrift durch ein Stichwort, das man im Idealfall auf ein andersfarbiges Papier schreibt. So können z.B. alle Lerntipps zur Wortschatzarbeit mit „Vokabellernen" überschrieben werden.

✘ Abschließend werden alle Zettel und ihre Überschriften auf einen großen Bogen Papier aufgeklebt und an die Wand gehängt. Aus dieser Lerntipplawine kann man sich immer wieder Anregungen zum Deutschlernen holen.

Interviews zum Deutschlernen

Wie andere Deutsch lernen, kann man schnell herausbekommen, indem man Interviews mit ihnen durchführt. Wenn Sie das einmal probieren möchten, benötigen Sie dazu mehrere Interviewkarten nach folgendem Muster:

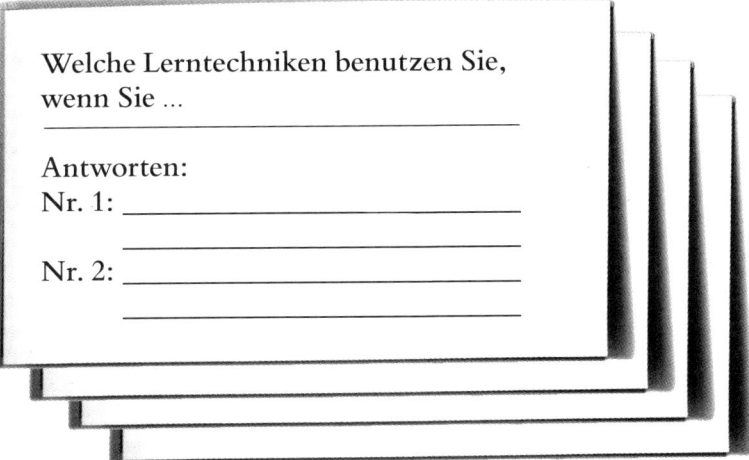

Welche Lerntechniken benutzen Sie, wenn Sie ...

Antworten:
Nr. 1:

Nr. 2:

✗ Schreiben Sie auf jede dieser Karten oben das Lernziel, zu dem Sie Lerntechniken erfahren möchten.

✗ Nun gehen Sie im Unterrichtsraum herum und befragen zu jeder Karte etwa vier bis fünf Lernende. Notieren Sie deren Antworten in Stichworten auf Ihrer Karte. Fragen Sie nach, wenn Sie nicht wissen, wie die jeweilige Lerntechnik funktioniert. Später müssen Sie sie nämlich beschreiben können!

✗ Stellen Sie nun den anderen Lernenden vor, welche Lerntechniken man Ihnen genannt hat und erklären Sie sie, falls nötig. Die anderen Lernenden können Fragen stellen und auch auf Grund der eigenen Erfahrungen die genannten Lerntechniken bewerten.

✗ Zu welchen Lernzielen konnten die meisten Lerntechniken gesammelt werden? Für welche Lernziele möchten Sie noch mehr Lerntechniken kennen lernen?

Mit anderen lernen

Besonders beim Fremdsprachenlernen sollte man sich immer wieder mit anderen Lernenden zusammensetzen und gemeinsam üben. Da aber die Vorstellungen über das Lernen unterschiedlich sind, muss man sich zunächst darüber klar werden, was man selber gerne lernen möchte und wie man vorgehen will. Für ein gemeinsames Lernen mit anderen sollte man versuchen, das *Wie?* das *Was?* auf einen gemeinsamen Nenner zu bringen. Hier ist ein Rollenspiel, in dem man einmal trainieren kann, wie man Vereinbarungen über Lernziele und Lernstrategien treffen kann.

Anleitung zum Rollenspiel
Setzen Sie sich mit vier anderen Lernenden zusammen und lesen Sie die Informationen und die Rollenkarten zum Rollenspiel durch.
Entscheiden Sie sich danach für eine der fünf Rollen, die durch die Rollenkarten skizziert werden, und schneiden Sie Ihre Rollenkarte aus.
Setzen Sie das Rollenspiel so lange fort, bis sich alle Spielerinnen und Spieler auf drei Aufgaben, die Reihenfolge ihrer Bearbeitung und die anzuwendenden Lernstrategien geeinigt haben.

Informationen zur Situation im Rollenspiel
In diesem Rollenspiel wollen eigentlich alle Lernenden den gesamten Lernstoff wiederholen. Sie haben jedoch nur eine Stunde Zeit für ihre gemeinsame Arbeit und müssen nun Schwerpunkte setzen und entscheiden,
- was sie heute gemeinsam machen wollen,
- in welcher Reihenfolge sie vorgehen werden,
- welche Lernstrategien sie dabei anwenden möchten.

In der Diskussion kommt es darauf an, die anderen Lernenden von den eigenen Lernzielen und den eigenen Lernstrategien zu überzeugen, denn es besteht eine Bedingung: In dieser Stunde wollen alle gemeinsam und in gleicher Weise arbeiten.

Rollenkarten

A Ich möchte gerne alle Vokabeln der letzten Lektion wiederholen. Dazu will ich Karteikarten für meine Vokabelkartei herstellen und damit üben.

B Ich möchte auch Vokabeln wiederholen. Dazu sollte mich jemand abhören. Anschließend werde ich alle schwierigen Vokabeln auf einen Merkzettel schreiben.

C Ich möchte mir einen Text aus der letzten Lektion von jemandem diktieren lassen und ihn hinterher korrigieren.

D Ich möchte den Lektionstext über das Thema „Typisch deutsch" lesen und mir dabei Notizen anfertigen.

E Ich möchte das Gedicht aus der letzten Lektion auswendig lernen. Dazu will ich mir die dazugehörige Tonkassette mehrfach anhören und den Text nachsprechen.

Lernhits für Deutsch

Viele Lernende haben im Laufe der Zeit „Geheimtipps" zum Deutschlernen entwickelt. In diesem Wettbewerb können Sie sie untereinander austauschen. Zum Schluss wird der beste Tipp von allen ermittelt.

✘ Setzen Sie sich mit drei oder fünf anderen Lernenden zusammen und bilden Sie Paare. Die Paare berichten einander über die persönlichen „Geheimtipps" beim Deutschlernen und beschaffen sich durch Rückfragen alle Informationen, um später Dritten darüber zu berichten.

Gruppenbildung bei sechs Mitspielern:

✘ Die Paare trennen sich und bilden neue Gruppen, diesmal Dreiergruppen. Ein Beispiel:

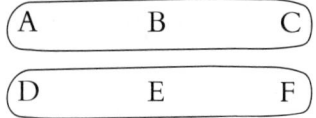

In dieser neuen Gruppierung stellen alle den Lerntipp des ersten Partners bzw. der ersten Partnerin vor und besprechen gemeinsam die Vor- und Nachteile.

✘ Die Gruppenmitglieder wählen von den dargestellten Lerntipps denjenigen aus, der allen am besten gefällt und beschreiben ihn in Stichworten auf einem großen Poster.

✘ Jede Gruppe präsentiert ihren Lernhit den anderen Lernenden. Diese stellen Rückfragen und äußern ihre Meinungen dazu. Abschließend wird derjenige Lernhit ausgewählt, der der gesamten Gruppe der Lernenden am besten gefällt. Das Poster wird mit dem Namen des ursprünglichen Autors, der Autorin versehen und in der Klasse ausgehängt.

Der Lerntechnikenmarkt

Manche Lerntechniken sollten eigentlich viel bekannter sein, weil sie beim Deutschlernen recht nützlich sein können. Welche Ihrer Techniken würden Sie auf einem Lerntechnikenmarkt für andere Deutschlernende anpreisen?

✗ Überlegen Sie sich, wie Sie die vorbeigehenden Passanten auf dem Lerntechnikenmarkt fesseln können, wenn Sie ihnen Ihre Lerntechniken an Ihrem Marktstand vorstellen. Wie können Sie die Vorteile deutlich machen und sie von ihrer besten Seite zeigen? Wenn Sie mögen, können Sie dazu auch mit anderen zusammenarbeiten.

✗ Nach Eröffnung des Marktes geht zunächst eine Hälfte der Lernenden von Marktstand zu Marktstand, hört und sieht sich an, welche Lerntechniken überall feilgeboten werden, macht kritische Bemerkungen und stellt Fragen zum Angebot, z. B. über bisherige Erfahrungen, über Einsatzmöglichkeiten etc.

✗ Nach etwa 10 bis 15 Minuten werden die Gruppen gewechselt: Die Passanten übernehmen nun die Rollen der neuen Schausteller, stellen ihrerseits ihre Lerntechniken dar und antworten den neuen Passanten auf ihre Fragen.

✗ Überlegen Sie am Ende Ihres Marktrundganges, welche Lerntechniken Sie gesehen haben und in Ihren Einkaufskorb legen möchten. Notieren Sie sie in Stichworten (mindestens fünf) auf Ihrem „Einkaufszettel".

Die X-Schritt-Methode beim Deutschlernen

Manchmal kann man Lernstrategien auch selber erfinden. Dazu ist es nützlich, Abläufe im Lernprozess in mehrere kleine Schritte zu zerlegen und daraus z. B. eine 5-Schritt-Methode abzuleiten.

Beispiel:

Merkblatt zum genauen Lesen

1. Verschaffen Sie sich einen ersten Überblick über den Text:
   Umfang
   Art des Textes (Gedicht, Roman, Rezept etc.)
   Thema des Textes (Schlüsselwörter)

2. Lesen und bearbeiten Sie den Text abschnittweise:
   Bringen Sie Markierungen an, machen Sie sich Notizen.
   Unterstreichen Sie wichtige Textstellen.
   Schlagen Sie wichtige unbekannte Wörter im Wörterbuch nach.

3. Sobald Sie den Text ganz gelesen haben, stellen Sie sich die Textaussagen der verschiedenen Abschnitte mit Hilfe der Notizen zusammen.

4. Prüfen Sie, ob Sie den Text vollständig verstanden haben. Was müssen Sie noch nachschlagen? Wo gibt es Unsicherheiten beim Verstehen?

5. Entscheiden Sie, ob Sie den Text ganz oder in Teilen noch einmal lesen müssen und worauf Sie dabei achten sollten.

Je nach Lernprozess können sich manchmal auch sechs, in anderen Fällen nur vier Teilschritte ergeben. In jedem Fall ist es ganz gut, wenn man die einzelnen Schritte an einer Hand abzählen kann. Dann behält man sie besser. Wichtiger als die Anzahl ist die sinnvolle Aufteilung.

✗ Versuchen Sie einmal, eine X-Schritt-Methode zur Selbstmotivation zu erfinden. Was machen Sie alles nacheinander, um sich für das Deutschlernen zu motivieren? Notieren Sie in Stichworten Ihre verschiedenen Schritte und geben Sie ihnen eine Überschrift. Wenn Sie das Blatt schließlich an Ihrem Arbeitsplatz aufhängen, werden Sie immer wieder daran erinnert.

✗ Vielleicht probieren Sie auch, eine X-Schritt-Methode zum Wiederholen zu entwickeln. Schreiben Sie Ihre Methode auf. Fragen Sie auch andere, wie sie vorgehen, vielleicht bekommen Sie noch ein paar zusätzliche Ideen. Hängen Sie das Blatt auch an Ihrem Arbeitsplatz auf, wenn Sie damit zufrieden sind.

Selbstbeobachtungen beim Deutschlernen

Wenn man sich mit anderen über das Deutschlernen unterhalten möchte, dann muss man sich erst einmal darüber klar werden, wie man denn selber eigentlich lernt.

Dazu sind Selbstbeobachtungen gelegentlich recht nützlich. Probieren Sie das einmal für sich selbst beim Vokabellernen aus.

✗ Erinnern Sie sich, wie Sie üblicherweise vorgehen und stellen Sie sich dabei die folgenden Fragen:
  • Wie viel Zeit nehme ich mir durchschnittlich?
  • Gehe ich in verschiedenen Lernschritten vor? Welche sind es?
  • Benutze ich Lernhilfen? Welche?
  • Was mache ich mit Vokabeln, die ich mir nur schwer merken kann?

✗ Setzen Sie sich nun mit anderen Lernenden zusammen. Beschreiben Sie einander Ihre Lernverfahren und besprechen Sie die Vor- und Nachteile Ihres Vorgehens.

✗ Überlegen Sie zum Schluss, ob – und wenn ja: wie – Sie künftig beim Vokabellernen anders vorgehen möchten, und probieren Sie es möglichst bald danach einmal aus.

Sich ans eigene Deutschlernen erinnern

Die Palette Ihrer Lernstrategien, die Sie normalerweise beim Deutschlernen anwenden, ist gewiss recht groß.

✘ Versuchen Sie einmal Ihre Lernstrategien zusammenzustellen, indem Sie die folgenden Sätze vervollständigen:

Zur Vorbereitung einer freien Schreibaufgabe mache ich …

Beim Korrekturlesen achte ich auf …

Bei einer Hörübung überlege ich zuerst, …

Wenn ich einen schwierigen deutschen Text lesen und genau verstehen will, dann …

Unbekannte Vokabeln in einem deutschen Text stören mich nicht weiter. Will ich den Text im Detail verstehen, gehe ich so vor: …

Um das Wichtigste in einem Text zu markieren, …

Wenn ich mir Grammatikregeln so merken will, dass sie mir beim Sprechen oder Schreiben helfen, dann …

Um Fehler in meinen eigenen Texten zu entdecken, achte ich besonders auf …

Wenn ich ein Gedicht auswendig lernen möchte, dann …

Wenn ich Übungen mit den neuen Vokabeln machen will, dann …

Wenn ich mich mit jemandem auf Deutsch über ein bestimmtes Thema unterhalten will, dann bereite ich mich darauf vor, indem ich …

✘ Setzen Sie sich nun mit anderen Lernenden zusammen und vergleichen Sie Ihre persönlichen Lernstrategien. Besprechen Sie deren Vor- und Nachteile und probieren Sie auch einmal eine Lernstrategie der anderen aus.

Lerntechniken sammeln – mit System

Hier ist eine Übersicht über die verschiedenen Lernbereiche beim Deutschlernen.

✗ Ergänzen Sie die Tabelle, indem Sie so viele Lernstrategien in die jeweiligen Felder schreiben, wie Ihnen einfallen.

Lernbereich	Lernstrategien
Wortschatz	
Grammatik	
Aussprache	
Rechtschreibung	
Hörverstehen	
Leseverstehen	
Sprechen	
Schreiben	

✗ Tauschen Sie Ihre Liste mit der eines Lernpartners und einer Lernpartnerin aus. Finden Sie dort Lernstrategien, die Sie noch nicht kennen? Dann stellen Sie Fragen. Könnten Sie Ihre Liste nun noch ergänzen?

✗ Nehmen Sie bitte Ihr Deutschbuch und versuchen Sie herauszufinden, wo Sie diese Lerntechniken in der Lektion, die Sie gerade bearbeiten, einsetzen könnten. Machen Sie sich an der jeweiligen Stelle im Buch eine entsprechende Notiz. Beispiel: „ **Karten für Vokabelkartei anlegen.**"

Lerntechniken für unterschiedliche Lernziele

Bei der Fülle aller Lerntechniken kann man unterschiedliche Arten erkennen. Eine Möglichkeit, sie voneinander zu unterscheiden, besteht darin, sie nach ihren Funktionen einzuteilen.

✘ Können Sie herausfinden, wozu die folgenden zwei Gruppen von Lerntechniken dienen könnten?

Kontroll–Lesen	Stichwortverzeichnis benutzen
Gliederung anfertigen	Grammatikregel notieren
Notizen anfertigen	Fehlerstatistik führen

✘ Schreiben Sie über jede Gruppe das Ziel, das mit Hilfe dieser Lerntechniken erreicht werden kann. Vielleicht finden Sie nützliche Stichworte am Ende dieser Seite.

✘ Hier ist eine Einteilung nach ganz anderen Kriterien. Mit welchem Stichwort würden Sie diese drei Gruppen überschreiben?

Lernplan erstellen	Mit Vokabelkartei lernen	sich Eselsbrücken merken
Arbeitsplatz einrichten	mit dem PC lernen	Notizen zum Text machen
Arbeitsmittel auswählen	Textmarker benutzen	innere Bilder entstehen lassen

✘ Können Sie noch weitere Lerntechniken für diese drei Gruppen finden? Ergänzen Sie sie in Stichworten.

Nützliche Stichworte:
Lernhilfen zum Deutschlernen, Lernorganisation, Lerntechniken zum Grammatiklernen, Lerntechniken zum Behalten, Lerntechniken zum Schreiben

Notizen anfertigen

Viele Deutschlernende sind visuell veranlagt. Sie müssen beim Lernen Bilder, Skizzen, Stichworte und Ähnliches vor Augen haben, um sich etwas gut einzuprägen. Das Anfertigen von Notizen ist für sie oft recht hilfreich.

✗ Probieren Sie an der folgenden Geschichte selber einmal aus, ob Notizen auch für Sie eine Lern- und Behaltenshilfe sein können.

Süßes für die kleine Riesin
Von KATHARINA OECHSLER (10 Jahre), Mainz

Ich muss euch mal was erzählen, ich hatte einen merkwürdigen Traum. Ich träumte: Ich war allein zu Hause und hatte Hunger. Ich aß Äpfel, Bananen, Birnen. Plötzlich wuchs und wuchs ich durch die Decke des Daches, bis ich 60 Meter größer als unser Haus war. Ich wusste ja, dass Obst und Gemüse groß und stark machen, aber so groß und stark …? Ich wollte zum Arzt fahren, aber ich passte nicht ins Auto, also lief ich zum Arzt.

Da kam Frau Meier, sie schrie vor lauter Entsetzen: „Hilfe, Hilfe, ein Riese!" Sie ließ die Einkaufstasche fallen und rannte weg. Ich kam beim Arzt an und tippte die Tür ganz leicht an, aber trotzdem war es sehr laut. Die Doktorhelferin machte die Tür auf, und als sie mich sah, schrie sie: „Ein … Riese!" Sie rannte weg und knall-

te die Tür zu. Da kam der Doktor raus, der hatte keine Angst vor mir; er fragte, ob er auf die Hand von mir klettern könnte, dann könnte er mich besser untersuchen. Ich nahm den Arzt auf meine Hand und er untersuchte mich. Er sagte zu mir: „Du hast eine sehr schlimme Krankheit, sie heißt Wachsoritis." Ich fragte: „Gibt es ein Gegenmittel?" – „Ja, es gibt ein Gegenmittel." – „Was denn? Wo denn?" – „Süßigkeiten!"

Ich dankte ihm, dass er keine Angst hatte und dass er mir weitergeholfen hatte. Ich ging zum Süßigkeitengeschäft am Tanzplatz. Zum Glück sah ich meine Freundin, sie hatte natürlich keine Angst vor mir. Ich erzählte ihr meine Geschichte. Sie holte mir eine Riesentüte Süßigkeiten, ich aß sie leer und ruck, zuck! war ich wieder klein.

Machen Sie Stichworte und tragen Sie sie als Notizen in die passende Rubrik ein.

Personen	wie sie reagieren

✗ Versuchen Sie nun mit Hilfe Ihrer Stichworte die Geschichte zu erzählen und prüfen Sie abschließend, ob diese Lerntechnik für Sie geeignet ist. Wenn nicht: Wie würden Sie anders vorgehen?

✗ Stellen Sie in Stichworten zusammen, was man beim Anfertigen von Notizen beachten sollte.

Lerntechniken zusammenstellen

Sie haben sich die Aufgabe gestellt, regelmäßig Artikel aus einer deutschen Tageszeitung zu lesen. Vielleicht interessiert Sie dieser Text „Notruf für Teddy".

✗ Überlegen Sie vor dem Lesen, wie Sie vorgehen wollen, welche Lernhilfen Sie einbeziehen möchten und was Sie machen werden, wenn sich Verständnisschwierigkeiten ergeben. Sprechen Sie Ihre Gedanken hierzu halblaut vor sich hin; vielleicht nehmen Sie sich auch auf Kassette auf, um das Band später immer wieder einmal anzuhören.

Notruf für Teddy

SOUTHHAMPTON (dpa) – Über die britische Notrufnummer 999 hat ein Fünfjähriger die Polizei alarmiert, um seine Stofftiere vor der Mutter zu retten. „Die kommen und stecken dich ins Gefängnis", verkündete er seiner verblüfften Mutter. Die hatte gedroht, seinen Teddy und andere Stofftiere in die Mülltonne zu werfen, falls er nicht aufräume. Bevor die Mutter wusste, wie ihr geschah, fuhr ein Polizeiwagen vor. Nach einem „Mann-zu-Mann"-Gespräch zeigte sich der Junge einsichtig: das Zimmer und die Stofftiere wurden aufgeräumt. Laut Polizei hatte die Mutter das Gesetz nicht gebrochen und wurde nicht festgenommen.

✗ Hören Sie sich nach dem Lesen Ihre Tonbandaufzeichnung mit Ihrem Leseplan an. Würden Sie künftig wieder so vorgehen oder etwas anders machen? Was? Wie?

Lernschritte planen

Um einen Text zu verstehen, ist es sinnvoll, bestimmte Lernschritte nacheinander zu machen. Sicherlich haben Sie für sich bereits eine Abfolge von nützlichen Lerntechniken herausgefunden. Hier sind einige Möglichkeiten, die Sie vielleicht wiedererkennen bzw. ergänzen können.

✘ Fügen Sie mindesten drei weitere Lerntechniken hinzu und stellen Sie dazu jeweils eine Zeichnung her. Schneiden Sie alle Kärtchen aus und legen Sie sie in die Reihenfolge, in der Sie Ihre Lerntechniken anwenden würden.

✘ Nehmen Sie nun einen Text aus der nächsten Lektion Ihres Deutschbuches und probieren Sie die einzelnen Lernschritte und Lerntechniken, die Sie zusammengestellt haben, daran aus.

✘ Ergänzen und verändern Sie eventuell Ihre Sammlung. Kleben Sie zum Schluss die einzelnen Zettel auf ein Blatt und hängen Sie es an Ihrem Arbeitsplatz gut sichtbar auf. Sie können sich später immer wieder daran orientieren.

Selbst Übungen entwerfen

Manchmal reichen die Übungen im Lehrbuch nicht aus. Das folgende Aufgaben-
blatt zeigt Ihnen, wie Sie selbst Übungen entwerfen können.

Verbformen

1 Ergänze bitte. Benutze die Verben im Kästchen.

> sollen   sein   haben   sein   sein   müssen   sein   abholen
>
> wissen   sein   sollen   müssen   sein

o Hallo! Schön, daß du da .... !

   • Tag. Nett, daß Sie mich .... !

o Aber das .... doch selbstverständlich! .... du eine gute Reise
gehabt?

   • Ja, ausgezeichnet.

o Und .... zuhause alles in Ordnung?

   • Ja. Und ich .... Ihnen noch schöne Grüße von meinem Vater bestellen.

o Danke, das .... lieb von ihm. Na, ... wir dann mal deinen Koffer
nehmen und zu mir gehen?

   • Den Koffer? Das .... doch gar nicht mein Koffer!

o Was? Ja, wo .... denn dein Gepäck geblieben?

   • Das .... ich auch nicht. Da .... etwas verwechselt worden sein!

o Ach du meine Güte! Da .... wir erst mal zum Fundbüro und zur Bahnhofspolizei
gehen.

2 Solche Übungen kannst du auch selbst
entwerfen.
a Du fotokopierst einen Modelldialog aus dem
Textbuch.
b Mit ‚Tippex' entfernst du die Verbformen. Du
nummerierst die Lücken und du machst eine
Liste mit den Verben, die du entfernt hast.

① sagen ⑦ sein
② sein ⑧ wissen
③ haben ⑨ müssen
④ können ⑩ sagen
⑤ zeigen ⑪ wollen
⑥ sitzen ⑫ machen

c Du legst deine Übung weg. Ein paar Tage
später machst du die Übung.

① sag   ⑦ das ist
② Du bist   ⑧ ich weiße
③ Habst du   ⑨ Ich muß
④ können wir   ⑩ Sag
⑤ zeig ich   ⑪ du wollst
⑥ wir sitzen   ⑫ mach ich

d Du vergleichst deine Übung mit dem
Modelldialog im Textbuch. Du verbesserst
deine Fehler.

① sag   ⑦ das ist
② Du bist   ⑧ ich ~~weiße~~ weiß
③ ~~Habst du~~ Hast du   ⑨ Ich muß
④ können wir   ⑩ Sag
⑤ zeig ich   ⑪ du ~~wollst~~ willst
⑥ wir sitzen   ⑫ mach ich

Entfernungsmesser

Will man herausfinden, welche Position man selbst gegenüber bestimmten Lerntechniken vertritt und wie andere Deutschlernende dazu stehen, dann kann man folgende Übung machen.

✗ Alle Lernenden setzen sich in einem großen Kreis zusammen. Jede/r erhält einen dicken Filz- oder Farbstift und drei Zettel, auf die sie/er in Stichworten je einen Lerntipp zum Deutschlernen schreibt – vor allem solche, mit denen man bisher erfolgreich gelernt hat. Die Lerntipps können sich auf alle Lernbereiche beziehen, z. B. auf das Vokabellernen, das Behalten von Grammatikregeln, das Erschließen eines Textes etc.

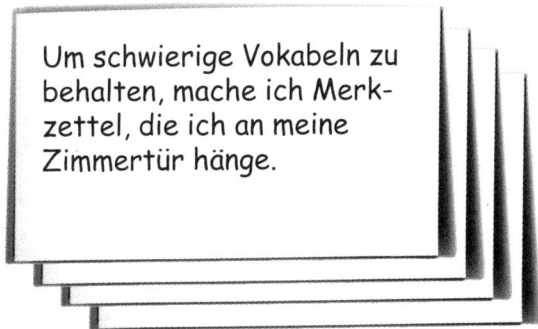

> Um schwierige Vokabeln zu behalten, mache ich Merkzettel, die ich an meine Zimmertür hänge.

✗ Eine/r aus der Runde liest nun einen ihrer/seiner Lerntipps vor, erläutert ihn und antwortet auf Rückfragen der anderen Lernenden. Danach wird der Zettel mit dem Lerntipp im Kreis mitten auf den Boden gelegt. Nun stehen alle auf und stellen sich so nahe bei dem Zettel oder auch so weit entfernt davon auf, wie sie ihre Nähe oder Distanz zu dem Lerntipp ausdrücken möchten. Alle begründen ihre Positionen, bevor sie sich wieder hinsetzen und eine neue Runde beginnt.

Pro und Kontra

Hier sind fünf Beispiele für Lerntechniken zum erfolgreichen Deutschlernen in Form von Thesen.

✘ Machen Sie Notizen, was **für** die jeweilige Lerntechnik und was **gegen** sie spricht.

1. Zum Behalten von Vokabeln eignet sich sehr gut das Lernen mit einer Vokabelkartei.
2. Vor dem Verfassen eines Textes mache ich eine *mind map* zu meinen Gedanken.
3. Grammatikregeln behalte ich am besten mit Hilfe von Merkversen.
4. Ehe ich einen Text in einer fremden Sprache lese, sammle ich zuerst zu seiner Überschrift alle Gedanken, die mir in den Sinn kommen.
5. Um meine Aussprache zu verbessern, spreche ich oft deutsche Texte laut nach.

✘ Prüfen Sie nun, ob diese Lerntipps auch für Sie eine Bedeutung haben. Könnten Sie sie auch für sich akzeptieren? Tragen Sie die Nummer der Lerntipps in die entsprechende Rubrik ein:

Lerntipps, die ich gut finde:

Lerntipps, die mir nicht gefallen:

✘ Setzen Sie sich nun mit anderen Lernenden zusammen, besprechen Sie mit ihnen Ihre Ergebnisse und hören Sie sich auch deren Meinungen an. Begründen Sie jeweils Ihre Meinung über die Lerntipps.

Über Lernerfolge berichten

Nach einer umfassenderen Lernaufgabe oder am Ende einer Lehrbuchlektion sollte man sich regelmäßig Rechenschaft über den eigenen Lernerfolg ablegen und daraus Konsequenzen für das weitere Lernen ziehen.

Hier sind einige Gedanken[1], die Ihnen dabei vielleicht durch den Kopf gehen könnten. Leider sind sie nur unvollständig aufgeschrieben.

✗ Beenden Sie die Gedanken so, dass Sie sie für sich als zutreffend ansehen können. Vielleicht hilft es, wenn Sie sich an die letzten Schulbuchlektionen oder an Aufgaben aus dem Deutschunterricht erinnern.

Das Wichtigste in dieser Aufgabe/Lektion war für mich ...
Als Schwierigstes hat sich dabei herausgestellt, ...
Sehr hilfreich war es für mich, wenn ...
Am leichtesten zu lernen war ... , weil...
Meine persönlichen Tricks beim Lernen waren: ...

✗ Setzen Sie sich nun mit ein oder zwei anderen Lernenden zusammen. Vergleichen Sie Ihre Ergebnisse, besprechen Sie die unterschiedlichen Antworten und geben Sie dazu Erläuterungen bzw. Begründungen ab. Bedenken Sie dabei, dass es nicht nur einen einzigen Lernweg für die Bewältigung einer Lernaufgabe gibt.

---

[1] Nach M. Legutke; H. Thomas 1991.

Flaschenpost

✗ Berichten Sie auf einem kleinen Zettel (halbes Postkartenformat oder kleiner) über eine Lerntechnik beim Deutschlernen, die Ihnen besonders gut gefällt und bisher stets recht nützlich war. Notieren Sie,
  • zu welchem Zweck, d. h. bei welchem Lernanlass, Sie sie eingesetzt haben,
  • wie sie genau funktioniert und was man evtl. benötigt,
  • welchem Lernertyp Sie sie besonders empfehlen würden.

Falls Sie mehrere derartige Zettel herstellen können, umso besser!

✗ Rollen Sie nun alle Zettel über einen Bleistift zu einem engen Röllchen zusammen und werfen Sie ihn in eine Flasche (oder ein großes Glas).

✗ Nach gründlichem Schütteln und Mischen des Inhaltes wird ein Röllchen herausgenommen und die Beschreibung vorgelesen. Gemeinsam besprechen Sie dann den Wert dieser Lerntechnik, tauschen Ihre Erfahrungen darüber aus und beschreiben vielleicht auch Alternativen.

Sternstunden des Lernens

Manchmal ist es gut, von anderen einen Rat zu bekommen und deren Erfahrungen zu nutzen. Das macht Mut und gibt Anregungen. Probieren Sie das – bezogen auf das Deutschlernen – in dieser Aufgabe einmal aus.

✗ Setzen Sie sich mit anderen Deutschlernenden zusammen. Schneiden Sie mehrere etwa postkartengroße Zettel zurecht. Schreiben Sie pro Zettel in einem Satz eine Lerntechnik auf, die Sie für besonders bemerkenswert und nützlich für das Deutschlernen ansehen und durch die Sie Sternstunden beim Deutschlernen erlebt haben. Schreiben Sie auch auf, wozu diese Lerntechnik im Einzelnen dient und wie sie funktioniert.

✗ Alle Lernenden lesen ihre Lerntechnik(en) vor, die sie auf die Zettel geschrieben haben, beantworten Rückfragen der anderen, geben Beispiele aus ihrer Erfahrung etc. Das geht solange, bis alle Zettel vorgelesen worden sind.

✗ Abschließend besprechen Sie in der Gruppe, welches die besten drei Lerntipps sind, die Sie kennen gelernt haben. Schreiben Sie diese auf ein großes Stück Papier auf und hängen Sie es im Unterrichtsraum auf.

Der Rat der Tiere

Manchmal ist es ganz gut, einen Rat von anderen anzunehmen. Manche haben Tipps wie ein schlauer Fuchs oder eine weise Eule. Auch ein Esel ist oft gar nicht so dumm, wie man manchmal meint.

✗ Sechs Lernende setzen sich zusammen, um ein Rollenspiel durchzuführen, in dem es um das Deutschlernen und um Lerntechniken geht.
Sie lesen zuerst einmal alle Rollenkarten durch. Dann wählt jede Spielerin/ jeder Spieler eine Karte aus, am besten diejenige, deren Inhalt sie/er am liebsten vertreten möchte.

✘ Die sechs Spielerinnen/Spieler setzen sich in einem Kreis zusammen; alle anderen Lernenden setzen sich in einem großen Außenkreis um sie herum. Eine Lernende / ein Lernender aus dem Außenkreis setzt sich nun in die Mitte des Innenkreises und nennt ein Lernproblem, z. B.
- das Behalten neuer Vokabeln,
- das Einprägen von Strukturen,
- das Lesen eines neuen Textes.

✘ Alle Tiere bzw. Spielerinnen/Spieler geben ihre Ratschläge. Die/Der Lernende im Innenkreis kann Rückfragen stellen, Zweifel an der Wirksamkeit der Vorschläge anmelden, eigene Lernerfahrungen dagegen setzen etc. Sobald sie/er genügend Ratschläge erhalten hat, bedankt sie/er sich und macht einer/m anderen aus dem Außenkreis Platz, die/der nun Lernprobleme nennt und sich Ratschläge geben lässt.

Rollenkarten zum Ausschneiden

Eichhörnchen
Ich sammle zum Lernen erst einmal möglichst viele Informationen. Die hebe ich auf und erst später sortiere ich sie. So begreife ich die Zusammenhänge besser.

Esel
Ich lerne am liebsten, indem ich mir Eselsbrücken baue. So kann ich vieles besser behalten.

Fuchs
Ich erkunde solange den Lernstoff, bis ich eine Spur entdeckt habe, die auf ein System oder ein grammatisches Gesetz hinweist, das ich verstehen kann. Dann klappt's auch mit dem Behalten.

Eule
Wenn ich etwas wissen will, dann schlage ich einfach irgendwo nach. So komme ich rasch zu einer Menge von Informationen.

Hund
Ich laufe beim Lernen immer hin und her. Das entspannt mich und ich kann mich auf den Lernstoff konzentrieren.

Die leidigen Hausaufgaben

Viele Lernende sind nicht gerade begeistert, wenn sie für Deutsch Hausaufgaben machen sollen. Die Gründe dafür sind oft ganz unterschiedlich.

✗ Setzen Sie sich bitte mit ein oder zwei anderen Lernenden zusammen. Jede/r beschreibt eine oder mehrere schwierige Situationen, die sich beim Anfertigen von Hausaufgaben schon einmal ergeben haben.
Alle Situationen werden in einem Stichwort auf einem großen Blatt in einen Raster eingetragen.

schwierige Hausauf-gabensituationen	Gründe und Ursachen für die Schwierigkeiten	mögliche Maßnahmen zur Verbesserung

✗ Besprechen Sie miteinander mögliche Ursachen und Gründe für die Schwierigkeiten und tragen Sie diese in die mittlere Rubrik ein.

✗ Sammeln Sie gemeinsam möglichst vielfältige Verbesserungsvorschläge, um solche Situationen zu meistern, und notieren Sie sie in Stichworten in der dritten Rubrik.

✗ Jedes Gruppenmitglied wählt aus der Sammlung diejenige Situation aus, die für ihr/sein häusliches Lernen von Bedeutung ist und erprobt die Lösungsvorschläge bei nächster Gelegenheit zu Hause.

✗ Nach einer Woche tauschen die Gruppenmitglieder ihre Erfahrungen untereinander aus. Der Raster sollte zu diesem Zweck aufgehoben werden.

Mit anderen über das Lernen sprechen

Der folgende Text ist ein Bericht darüber, wie Maria, eine Deutschschülerin aus Madrid, vorgeht, wenn sie auf Deutsch einen Text zu einem bestimmten Thema schreibt.

> *„Wenn ich auf Deutsch einen Text schreiben will, dann sammle ich zuerst immer alle Gedanken, die mir dazu in den Sinn kommen, und schreibe sie in Stichworten auf. Danach ordne ich diese Stichworte unter Oberbegriffe oder Überschriften. Diese bringe ich schließlich in eine sinnvolle Reihenfolge, die die späteren Abschnitte meines Textes darstellen. Nach einer kurzen Einleitung schreibe ich dann Abschnitt für Abschnitt auf.“*

✗ Setzen Sie sich mit anderen Lernenden zusammen und besprechen Sie Marias Vorgehensweise. Würden Sie auch so vorgehen? Was würden Sie anders machen? Begründen Sie Ihre Meinungen.

✗ Erproben Sie nun einmal selber die möglichen Lerntechniken beim Schreiben eines Textes zum Thema „Der nächste Sommerurlaub“.

✗ Setzen Sie sich nun wieder mit den anderen Lernenden zusammen, lesen Sie einander Ihre Texte vor und besprechen Sie, wie Sie beim Schreiben vorgegangen sind. Geben Sie dabei Antwort auf die folgenden Fragen:
- Was haben Sie zur Vorbereitung des Schreibens gemacht?
- Sind Sie mit Ihren Ergebnissen zufrieden?
- Würden Sie beim nächsten Mal wieder so vorgehen?
  Wenn ja: Warum?
  Wenn nein: Warum nicht? Was würden Sie künftig anders machen?

Aus Erfahrungen lernen

✗ Erinnern Sie sich an Ihre letzte Deutschstunde und an die verschiedenen Schritte, die Sie beim Lernen gemacht haben. Überlegen Sie einmal, welche verschiedenen Lerntechniken Sie dabei jeweils angewendet haben und wie Ihr Lernerfolg war. Sprechen Sie alles, was Ihnen dazu in den Sinn kommt, laut vor sich hin. Zeichnen Sie es vielleicht auch auf Kassette auf, dann können Sie es sich immer wieder einmal anhören.

Was gelernt werden sollte	Wie ich vorgegangen bin
die Bedeutung neuer Vokabeln verstehen	
die Aussprache neuer Vokabeln üben	
…	

✗ Vielleicht möchten Sie beim nächsten Mal anders vorgehen, um das alles zu lernen. **Was** würden Sie dann **wie** lernen?

Eine Bewertungstabelle von Lerntechniken erstellen

✗ Lesen Sie sich die folgende Tabelle durch und bewerten Sie die Lerntechniken anschließend nach Ihren Lernerfahrungen, indem Sie ein Kreuzchen in die entsprechende Rubrik setzen:

Lerntechniken	sehr nützlich	nützlich	weniger nützlich	unnütz
Eselsbrücken herstellen	▪	▪	▪	▪
Merkzettel schreiben	▪	▪	▪	▪
laut vor sich hin sprechen	▪	▪	▪	▪
Notizen anfertigen	▪	▪	▪	▪
auswendig lernen	▪	▪	▪	▪
eine *mind map* machen	▪	▪	▪	▪
eigene Regeln formulieren	▪	▪	▪	▪
selber Übungen entwerfen	▪	▪	▪	▪
Skizzen herstellen	▪	▪	▪	▪
Entsprechungen in der Fremdsprache suchen	▪	▪	▪	▪
Wichtiges in Kartei schreiben	▪	▪	▪	▪

✗ Setzen Sie sich anschließend mit anderen Lernenden zusammen. Vergleichen Sie Ihre Ergebnisse und begründen Sie Ihre Entscheidungen.

Einen Merkzettel zum Notieren machen

Dieter hat herausgefunden, dass er beim Anfertigen von Notizen am besten zurecht kommt, wenn er bestimmte Schritte beachtet. Hier ist der Merkzettel, den er an seine Pinnwand geheftet hat.

8 Tipps zum Notizenschreiben

1. Durchlesen oder Anhören eines Textes bzw. Sammeln eigener Gedanken
2. Niederschreiben in Form von Notizen
3. Wiederholtes Lesen oder Hören des Textes bzw. Überprüfen der eigenen Gedanken
4. Notieren ergänzender Ideen und Informationen
5. Anfügen von Anmerkungen und Kommentaren
6. Ordnen der Gedanken in einer Reihenfolge (Gliederung des zu schreibenden Textes)
7. Formulieren des Textes auf der Grundlage der Notizen
8. Überarbeiten des Textes auf seine inhaltliche Vollständigkeit und seinen logischen Aufbau hin

✗ Vergleichen Sie Dieters Vorgehen mit Ihrem eigenen Lernverfahren: Machen Sie etwas anders? Wenn ja: Was? Wie? Warum? Ändern Sie Dieters Merkzettel so ab, wie er für Sie nützlich sein könnte.

✗ Wenden Sie nun diesen Lernplan an, indem Sie Notizen zu dem folgenden Thema anfertigen: „Jugendliche unter 16 sollten alleine in die Ferien fahren dürfen."

✗ Beantworten Sie sich selber die folgenden Fragen:
  • Sind Sie mit Ihrem Ergebnis zufrieden? Worauf führen Sie das zurück?
  • Würden Sie künftig so oder anders vorgehen, wenn Sie wieder einmal Notizen machen wollen?

✗ Machen Sie sich abschließend einen eigenen Merkzettel zum Anfertigen von Notizen und hängen Sie ihn sichtbar an Ihrem Arbeitsplatz auf.

Sprachformen sammeln und üben

Marit lernt seit anderthalb Jahren Deutsch. Sie liest regelmäßig deutsche Jugend-
zeitschriften und notiert Beispiele von Sätzen in ein Heft. Hier sind Notizen aus
ihrer Sammlung.

Dennis   ist   ein richtiges Kleinkind.
Das   war   keine gute Idee.
...   .

✗ Was will Marit nach Ihrer Meinung mit dieser Übung lernen?

✗ Sammeln Sie nun Beispielsätze für eine andere Sprachform, die für Sie wichtig
ist und/oder die Sie noch nicht sicher beherrschen. Notieren Sie sie in ähnlicher
Weise wie Marit es gemacht hat.

✗ Beantworten Sie abschließend für sich selber die folgenden Fragen:
  • Welches Ziel wollten Sie erreichen?
  • Was haben Sie gemacht, um dieses Ziel zu erreichen?
  • Wie war das Ergebnis?
  • Wie erklären Sie sich, dass dieses Ergebnis dabei herausgekommen ist?
  • Würden Sie beim nächsten Lernen genauso vorgehen?
    Wenn ja: Warum?
    Wenn nein: Was würden Sie anders machen? Wie? Warum?

Lerntechniken zum Auswendiglernen erproben

Zum Auswendiglernen fremdsprachlicher Texte gibt es eine Reihe verschiedener Lerntechniken. Sicher kennen Sie einige aus eigener Erfahrung oder von der Beobachtung anderer Lernender.

✘ Ergänzen Sie die begonnene Liste.

▨ **Satz für Satz auswendig lernen**
▨ ...
▨ ...

✘ Kreuzen Sie aus Ihrer Liste diejenigen Lerntechniken an, die Sie noch nie oder nur selten angewendet haben und probieren Sie sie einfach einmal aus. Machen Sie sich danach einige Notizen zu den beiden Fragen:
Was war besonders förderlich? (+) Was war besonders hemmend? (–)

(+)	(–)

✘ Möchten Sie die Lerntechniken, die Sie in der Liste zusammengestellt haben, künftig häufiger einsetzen?

Bezeichnung der Lerntechnik	Beurteilung
....	▨ ja ▨ nein, weil ...
....	▨ ja ▨ nein, weil ...

116

Eine Checkliste auswerten

Wenn man bereits eine Menge von Lerntechniken kennt, dann sollte man ab und zu prüfen, welche man nicht mehr so oft einsetzt und welche immer noch wichtig sind. Hier ist eine Checkliste für Sie, um das herauszufinden.

✘ Kreuzen Sie an, welche der folgenden Lerntechniken heute noch immer für Sie geeignet sind, um die genannten Lernziele zu erreichen.

Ziele	mögliche Lerntechniken	meine Begründung
sich Vokabeln einprägen	▦ Vokabelkartei führen ▦ Vokabeln in PC eintragen ▦ Vokabeln vor sich hin sprechen ▦ Vokabeln mehrfach schreiben ▦ sich abfragen lassen ▦ Sätze mit Vokabeln bilden ▦	_____ _____ _____ _____ _____ _____ _____
Texte schreiben	▦ Notizen machen ▦ Zwischenüberschriften sammeln ▦ Dauerfehler überprüfen ▦ Wörterbuch benutzen ▦ *mind maps* machen ▦ mit anderen über das Thema sprechen ▦	_____ _____ _____ _____ _____ _____ _____
Texte lesen ...	▦ unbekannte Wörter erschließen ▦ Wissen zum Thema reaktivieren ▦ Leseziel(e) festlegen ▦ wichtige Textstellen markieren ▦ Wörterbuch benutzen ▦ Notizen herausschreiben ▦	_____ _____ _____ _____ _____ _____

✘ Vergleichen Sie zum Schluss Ihre Meinung über diese Lerntechniken mit anderen Deutschlernenden.

Anhang I
Der Eiffelturm
(Musik)
Sprecher: Am Anfang unseres gemeinsamen Weges bietet sich Gelegenheit, Fantasie und Gedächtnis ein wenig zu trainieren.

Sprecherin: Haben Sie Lust? Machen Sie mit? Dann malen Sie sich das, was ich Ihnen erzählen werde, so richtig aus: Stellen Sie sich einmal den Eiffelturm vor. Sehen Sie ihn an, wie er dasteht in Paris. Paris, Paris! Ja? Und dann denken Sie sich einen spanischen Torero. Ja, genau. Ein richtiger Torero. Und der steht groß und stark auf der obersten Plattform des Eiffelturms. Und wenn Sie jetzt nochmal genauer hinschauen: Auf seinem Kopf trägt er das Brandenburger Tor. Das kennen Sie; das in Berlin. Aber auf dem Brandenburger Tor steht plötzlich ein Teller Spaghetti. Und – unglaublich! – um den Teller herum kreist ein silberner Rolls Royce, einfach in der Luft herum. Können Sie sich das vorstellen? Und jetzt schauen Sie nochmal genauer hin: Auf der Kühlerhaube des Rolls Royce steht eine weiße griechische Säule. Und auf dieser Säule kniet der dänische Prinz Hamlet und blickt erwartungsvoll in die Ferne. In der linken Hand hält er eine große Portweinflasche, in der rechten ein grünes irisches Kleeblatt und eine halb so große winzige Tulpe. Zu seinen Füßen liegt eine Schachtel feinster Pralinen und dazu spielt ein Miniradio Musik von Radio Luxemburg. Na, können Sie sich das vorstellen und sich diese Bilder noch einmal ins Gedächtnis rufen, die Bildergeschichte für sich noch einmal zusammensetzen?
(Musik)
Sprecher: Es könnte sein, dass Sie sich gerade die zwölf EG-Staaten gemerkt haben, und zwar geordnet nach Flächenausdehnung. Wie das? Na ja, ganz einfach: Der Eiffelturm bedeutet Frankreich, der Torero steht für Spanien, das Brandenburger Tor für Deutschland. Spaghetti? Na klar, für Italien. Der Rolls Royce für Großbritannien, die antike Säule für Griechenland. Hamlet, der Prinz kommt aus Dänemark, Portwein aus Portugal, das Kleeblatt aus dem grünen Irland. Die Tulpe kommt aus Holland, und feinste Pralinen – ein Tipp für Kenner! – die gibt's in Belgien. Und die Musik kommt aus Luxemburg.

(Breitinger/Mandl 1992)

Anhang 2
Herr Friedrich geht spazieren
(Schreibmaschinengeklapper, Telefongeklingel)

Chef: Wie steht's denn mit dem Vortrag morgen? Herr Friedrich sollte den doch halten, nicht wahr? Er sollte sich doch da einarbeiten.

Sekretärin: Ja, da ist Herr Friedrich gerade dabei.

Chef: Na, hervorragend. Wirklich fit, der Junge. Ich schaue kurz bei ihm 'rein.

Sekretärin: Eh, Moment bitte. Er ist nicht im Büro.

Chef: Was? Nicht im Büro? Sie sagten doch …

Sekretärin: Er geht spazieren.

Chef: Was? Wie bitte? Spazieren?! Also, der hat ja die Ruhe weg! Geht spazieren!

Sekretärin: Er hat gesagt, er muss sich noch vorbereiten.

Chef: Ich weiß, ich weiß. Darum geht es ja gerade. Warum also, frage ich Sie, ist Herr Friedrich denn jetzt spazieren?

Herr Friedrich: Oh! Schönen Tag zusammen!

Chef: Spazieren gewesen, habe ich gehört! Sie haben ja wohl nichts Besseres zu tun!

Herr Friedrich: Aber, aber! Wenn's darum geht, sich etwas klar zu machen, beim Lernen auf Ideen zu kommen, ich sag's Ihnen, ein wenig Bewegung und frische Luft – dann läuft's.

Sänger unter der Dusche
(singender Mann unter der Dusche)

Frau: Ja, sag mal! Übst du jetzt auch in der Badewanne, zu Hause? Reichen dir deine Proben im Theater nicht?

Mann: Ha, ha! Es macht Spaß, einfach Spaß, sag ich dir!

(singt weiter)
  Übung macht den Meister!

(Breitinger/Mandl 1992)

Anhang 3

Herr Zinsmeister und die Budgetplanung

(Das Telefon klingelt.)

Herr Z.: Hubertus Zinsmeister ist am Apparat. ... Was? Die Berechnung soll morgen schon fertig sein!? Aber ... Eh ...! O.k.

Aber das neue Programm zur Budgetplanung, das kann ich noch nicht einsetzen. Nein, so weit bin ich noch nicht.

Doch natürlich sind die Fortbildungsunterlagen angekommen. Nein! Ich habe sie noch nicht durcharbeiten können.

O.k., o.k. Natürlich dauern die Berechnungen so länger, aber ich habe bisher einfach nicht die Zeit gehabt, mich in das neue Programm einzuarbeiten. Ich habe ja noch 'was anderes zu tun!

Aber sicher werde ich ... Eh ... Ja, ich weiß, ja ... Gut! Gut! Ja, in Ordnung.

(Auflegen des Hörers)

Dieses neue Programm zur Budgetplanung ist der reinste Alptraum. Und wie soll man bei dem Stress hier auch noch dazu kommen sich einzuarbeiten?

(Telefon klingelt)

Was? Ja, Zinsmeister. Was, zum Mittagessen? Nein, es tut mir Leid. So 'was kenne ich schon seit zwei Wochen nicht mehr. Nein, absoluter Stress! Und noch dazu das neue Programm zur Budgetplanung! Natürlich, seit zwei Monaten ist das schon so! Wenn ich damit nicht weiterkomme, dann geht mir noch die Beförderung flöten. O.k. Ich muss weiter machen, ja? Bis dann!

(Hörer auflegen; Telefon klingelt erneut)

Ja, Heinz? Hallo! Schön, dass du dich 'mal meldest. Ja, ich habe momentan überhaupt keine Zeit. Nein, seit Tagen lasse ich schon die Mittagspause ausfallen. Was? Fußball am Wochenende? Nein, nein! Nicht daran zu denken. Budgetplanung auf dem Plan. Wenn ich es hier nicht schaffe, dann eben zu Hause. Sicher, letztes Wochenende auch schon. Aber ich hab's eben nicht geschafft! Seit wann ich mich fürs Rechnen interessiere? Mach' keine Witze! Das ist mir so zuwider wie eh und je! Aber was bleibt mir denn übrig?!

Sekretärin: Herr Zinsmeister....

Herr Z.: Entschuldige, ich kann jetzt wirklich nicht mehr länger sprechen.

Sekretärin: Herr Zinsmeister, bitte... Ich wollte...

Herr Z.: Ja! Moment! Einen Moment bitte, Frau Meier!

Ja, Hallo! Die Vorschläge für die Präsentation nächste Woche? Die sind in Arbeit! Natürlich, die sind in Arbeit!

(Hörer auflegen)

Ach Sie, Sie sind ja auch noch da!

Sekretärin: Haben Sie den Entwurf für Herrn Huber fertig?

Herr Z.:   Aber Sie sehen doch, ich sitze dran!

(Telefon klingelt)

Sofort, ich bringe sie dann rüber!

(Telefon klingelt wieder)

Hallo, Schatz! Nein … nein, heute wird es wieder später. Pausen? Nein, du
weißt doch, ich komme nicht dazu. Ohne Bewegung – ungesund. Ich weiß, ich
weiß! Ich weiß, dass ich auch am Wochenende keine Bewegung hatte. Aber das
Programm zur Budgetplanung! Was heißt hier: „Selber schuld"? Wie bitte? Das
ganze Wochenende nur meinen Schreibtisch aufgeräumt? Aber hör' mal! Aber
wirklich, du, ich hab' jetzt keine Zeit mehr für Diskussionen. Ich muss hier
weitermachen. Was? Ein romantisches Abendessen zu zweit! Ja, wirklich! Toll,
die Idee! Aber ich… Ja, gut, Schatz. Ich versuch's wirklich. Ich versuch's!

(legt Hörer auf)

Sekretärin: Herr Maler versucht schon seit einer halben Stunde durchzukommen –
sagt er. Ihr Telefon sei dauernd besetzt. Und wann Sie eigentlich vorhaben, sich
mit dem neuen Programm zur Budgetplanung vertraut zu machen?

Herr Z.:   Verdammt noch mal! Wissen Sie eigentlich, wie spät es ist?

Sekretärin: Oh, durchaus. Ich wollte mich auch gerade verabschieden. Drei
Überstunden reichen mir für heute. Machen Sie's gut! Viel Spaß noch mit dem
Programm!

Herr Z.:   Aber bitte! Wenn Sie mich jetzt auch noch verlassen, …

Sekretärin: Tut mir ja wirklich Leid. Aber ich kann heute nicht länger bleiben!
Ich bin zum Essen eingeladen.

Herr Z.:   Gut, ich seh's ja ein. Na dann…

(Telefon klingelt)

… viel Spaß!

(nimmt Hörer ab)

Ach, Schatz! du bist's noch mal! Aber ich hab dir doch gesagt, es wird etwas später! … Hochzeitstag? Wie? Unser …? Um Himmels willen. Wirklich! Es tut
mir Leid! Glaub mir! Bitte ! Ich … Aufgelegt!

(legt Hörer auf)

Hochzeitstag! Das verzeiht sie mir nie! Und kein Geschenk und … das romantische Abendessen und … das Programm zur Budgetplanung und … Ich kann einfach nicht mehr! So geht es einfach nicht mehr weiter! So nicht! … So nicht! … So nicht!

(Breitinger/Mandl: 1992)

Begriffe zum Nachschlagen

Affektive Dimension

Wie auch bei anderen Lerninhalten des Unterrichts können wir im → prozeduralen Bereich, in dem es um das Lernen des Lernens geht, folgende Lernstrategien voneinander unterscheiden:
- direkte Lernstrategien
- Gedächtnisstrategien
- Sprachverarbeitungsstrategien
- indirekte Lernstrategien
- Strategien zur Selbstregulierung
- affektive Lernstrategien
- soziale Lernstrategien

Zu den affektiven Lernstrategien zählen wir u. a. das Reduzieren von Stress, das Sich-Mut-machen, das Registrieren und Äußern von Gefühlen.

Attribuierungen

Zuschreibungen von Eigenschaften und Fähigkeiten. So wie jemand einen anderen wahrnimmt oder wie man sich selber sieht (Selbstattribuierung).

Autonomes Lernen

Ein übergeordnetes Ziel des Lernens und Lehrens, in dessen Kontext die Lernenden zunehmend mehr Selbstständigkeit in ihren Lernprozessen entwickeln sollen. Im Rahmen des Unterrichts können die verschiedenen Dimensionen des Lernens, nämlich
- Was will ich lernen?
- Wie will ich lernen? (Wann? Wie lange? Womit? Mit wem? ...)
- Wie ist mein aktueller Lernerfolg?

in unterschiedlichem Maße den Lernenden selber in die Hand gegeben werden. Von besonderer Bedeutung sind hier ausgewählte Verfahren des Lernens/Lehrens, zu denen einerseits die Lernstrategien der Lernenden gehören und andererseits die Methoden des Lehrers bzw. der Lehrerin, durch die autonomes Lernen ermöglicht und gefördert werden kann. Hierfür ist z. B. der → offene Unterricht mit seinen verschiedenen Ausprägungen (→ Stationenlernen, → Lernzirkel, → Wochenplanarbeit, → Freiarbeit, → Lernen in der Lernwerkstatt) besonders geeignet.

blind training

Gemeint ist die unbewusste und unreflektierte Anwendung von Lernstrategien. Ein Beispiel:
Eine Arbeitsanweisung im Deutschunterricht lautet: „Lesen Sie den Text und beantworten Sie die folgenden Fragen." Bei diesem Arbeitsauftrag wird implizit vorausgesetzt, dass die Lernenden geeignete Lesestrategien kennen, auswählen und anwenden. Die → *learning awareness* , die Bewusstheit über ihre Leseverfahren, ist jedoch wichtig, um zu vermeiden, dass ungeeignete oder gar keine Lesestrategien eingesetzt werden, und um ihr Lesen möglichst effektiv zu gestalten.

deklaratives Wissen

Hiermit ist das Sach- und Fachwissen gemeint, um das es z. B. im Deutschunterricht geht, also alle Kenntnis- und Fertigkeitsbereiche (Wortschatz, Grammatik, Aussprache, Orthografie, Hören, Lesen, Sprechen, Schreiben). Neben dieser Lehr- und Lernzieldimension gibt es das → prozedurale Wissen.

Eingangskanäle

Damit sind in der Regel die menschlichen Sinne gemeint, mit deren Hilfe wir Informationen wahrnehmen und aufnehmen. Vester und viele andere Wissenschaftler nach ihm haben ihre Bedeutung für das Lernen herausgestellt und auf den engen Zusammenhang mit Lernertypen hingewiesen. Vester unterscheidet vier oder fünf große Gruppen von Lernertypen: den visuellen Sehtyp, den auditiven Hörtyp, den haptischen (oder: taktilen) Fühltyp, den verbalen Typ und den Gesprächstyp. Als untergeordneter Lernertyp ist der olfaktorische (Geruchs-)Typ zu sehen.

entdeckendes Lernen

Hierunter versteht man ein Prinzip zur Gestaltung von Lernsituationen, in denen die Lernenden so selbstständig wie möglich den aktuellen Lerngegenstand analysieren, Gesetzmäßigkeiten (z. B. ein physikalisches Gesetz, eine chemische Zusammensetzung oder im Deutschunterricht eine Grammatikregel) herausfinden, beschreiben und ggf. als Regel zusammenfassen.

Freiarbeit

Hierbei handelt es sich – neben dem autodidaktischen Lernen – um die offenste Form von Lern-/Lehrsituationen. Die Lernenden bestimmen hier fast alles selbstständig: den Lerngegenstand, die Lernstrategien, die Lernpartner, die Lernzeit, die Lernhilfen etc. Stimuliert werden sie durch ein reichhaltiges Angebot an Lernmaterialien, das die Lehrerin oder der Lehrer in der veränderten Rolle als Moderator, Helfer und Berater den Lernenden zur Verfügung stellt.

Hemisphärentheorie

Vertreter der Gehirnforschung sind der Ansicht, dass die beiden menschlichen Gehirnhälften (Hemisphären) mit dem frühen Kindesalter beginnen, sich auf unterschiedliche Funktionen zu spezialisieren (Lateralisierung). Die unterschiedlichen Vorstellungs- und Verarbeitungsmuster, die beim Lernen auf den jeweiligen Seiten aktiviert werden, können über Nervenleitungen – über den die Hemisphären verbindenden Balken – zusammengeführt werden.

Aktivitäten der linken Gehirnhälfte sind vor allem sprachlich, arithmetisch, linear, abstrahierend, selektiv, logisch, rational, bewusst. Aktivitäten der rechten Gehirnhälfte zeichnen sich besonders durch folgende Charakteristika aus: sensorisch, konkret, nicht logisch, intuitiv, emotional, unbewusst, global.

Lernen ist – so die Theorie – dann besonders ergiebig, wenn beide Hemisphären sich gegenseitig stützen und ergänzen. Wenn im Unterricht sowohl Verstand als auch Gefühl, logische Erkenntnisse und intuitive Einsichten, Abstraktes und Musisches miteinander verbunden werden, wird ein höherer Lernerfolg erwartet.

imitierendes Lernen

Lernende, die imitierend vorgehen, orientieren sich an Vorbildern und Modellen und messen an ihnen ihr eigenes Wissen und Können. Im Bereich der Lernstrategien sind die wichtigsten Vorbilder andere Lernenden aus der Klasse bzw. dem Kurs, Freunde oder etwa gleichaltrige Verwandte, die sie beim Fremdsprachenlernen beobachten können. Sie stellen fest, was sie lernen und wie sie es tun, und übernehmen vor allen Dingen jene Lernstrategien, die sie am Verhalten anderer ablesen können, z. B. das Markieren von Textstellen, das Notieren von Stichworten, das Führen eines Grammatikheftes oder das Anfertigen von Merkhilfen.

Individualisierung

Individualisierung im Kontext des selbstgesteuerten Lernens bedeutet, dass der gesamte Deutschunterricht darauf ausgerichtet ist, den individuellen Lernbedürfnissen der Lernenden, der Lernsubjekte (Subjektorientierung), zu entsprechen. Besonders förderlich hierfür ist die Entwicklung ihrer Lernkompetenz, durch die sie in der Lage sind, ihre persönlichen Lernstrategien einzusetzen, ihr Lernen selbstständig zu planen und zu steuern und es auch selber auszuwerten. Der didaktische Ort für derartiges selbstgesteuertes, subjektorientiertes Lernen ist – neben dem häuslichen Lernen – der offene Unterricht in seinen verschiedenen Ausprägungen.

Introspektion

Introspektion ist ein Verfahren, durch das die Lernenden es schaffen, sich durch „lautes Denken" ihrer persönlichen Lernstrategien bewusst zu werden. Für den Lehrer bzw. die Lehrerin ist die Introspektion eine Möglichkeit, Einsichten vor allem über solche Verfahren der Lernenden beim Deutschlernen zu gewinnen, die sich der äußeren Beobachtung entziehen. Bei der Introspektion formulieren die Lernenden (halb-)laut alle ihre Gedanken, die ihnen während des Lernprozesses in den Sinn kommen. Dabei beschreiben und bewerten sie die einzelnen Lernschritte und -strategien, werfen Fragen und persönliche Lernprobleme auf und geben sich selber Arbeitsanweisungen und Erklärungen.

learning awareness

Dieser Begriff wird analog zur *language awareness* benutzt und meint die Bewusstheit eigener Lernstrategien, und zwar im kognitiven, affektiven und sozialen Bereich. Das bewusste Nachdenken über die eigenen Lernstrategien verhindert ihre blinde, unreflektierte Anwendung (→ *blind training*) und erhöht so die Wirksamkeit des Lernens.

Lernstil

Bei dem persönlichen Lernstil eines Menschen handelt es sich um eine meist gleich bleibende Verhaltensweise bei der Bewältigung bestimmter, immer wiederkehrender Lernaufgaben, auch als „Lerngewohnheit" zu bezeichnen. Der Lernstil wird durch den jeweiligen Lernertyp und die damit verbundenen Lerndispositionen geprägt. Ein eher haptisch orientierter Lernender wird z. B. sich seine Deutschvokabeln besonders gut merken, wenn er für sie ein Lernmobile, ein Lernposter, Lernröllchen o. ä. bastelt und sie sich damit einprägt. Der Lernstil wird aber außerdem auch durch die jeweilige Aufgabenstellung beeinflusst, die den Lernenden in der kognitiven, der affektiven oder der sozialen Dimension anspricht. Wenn z. B. ein Lernender das Spielen eines Dialoges trainieren will, so ist es gewiss ergiebiger, diesen zusammen mit einem Lernpartner einzuüben (soziale Lernform).

Lernwerkstatt

Eine Lernwerkstatt ist ein Raum in einer Schule oder einer anderen Bildungsinstitution, in der Lernende – angeregt durch die dort befindlichen Lernmaterialien und die Lernumgebung – nach eigenem Ermessen alleine oder im Team selbstgewählte Aufgaben bearbeiten. Dabei gehen sie oft ganzheitlich vor und machen ihre individuellen Neigungen (→ Individualisierung) und Lernbedürfnisse zum Ausgangspunkt für ihr Lernen.

Das Arbeiten in einer Lernwerkstatt ermöglicht und fördert offene Lernsituationen. Die notwendigen Arbeitsmaterialien (u. a. Aufgaben mit Lösungsschlüssel, Materialien zum Schreiben, Zeichnen, Malen, Basteln, Sammeln, Ordnen etc. und vor allem solche, die die Fantasie und die Neugier anregen) stehen den Lernenden zur freien Verfügung.

Nicht alle Schulen verfügen aus den verschiedensten Gründen über eine Lernwerkstatt. Für Lehrerinnen und Lehrer jedoch, die die Selbstständigkeit und die Individualisierung der Lernenden erhöhen wollen, kann der erste Schritt dazu die Lernecke im Klassenzimmer sein, die sich zu Beginn auf einen oder mehrere Kartons mit Arbeitsmaterialien beschränken kann, im Laufe der Zeit aber durch gezieltes Sammeln ausgebaut werden kann.

Lernzirkel

Das Lernen in Lernzirkeln geschieht, indem die Lehrerin oder der Lehrer mehrere Stationen (→ Stationenlernen) mit unterschiedlichen Aufgaben inklusive Lösungsschlüssel vorgibt, die von den Lernenden nacheinander bearbeitet werden müssen.

Das Lernen im Lernzirkel ist stärker gesteuert als das → Stationenlernen. Der Vorteil gegenüber dem Frontalunterricht besteht jedoch darin, dass alle Lernenden den Zeitumfang, den sie zur Bearbeitung der jeweiligen Aufgaben benötigen, nach eigenem Ermessen selber bestimmen können, ebenso wie die Auswahl möglicher Lernhilfen, Lernpartner etc.

Metakognition

Mit Metakognition meint man das Nachdenken und/oder das Sprechen über das eigene Lernen und die Bewusstheit bei der Verwendung von Lernstrategien (→ *learning awareness*). Lernende, die sich selber ein Lernziel setzen und bewusst über ihre strategischen Aktivitäten entscheiden, um es zu erreichen, verhalten sich metakognitiv und selbstregulierend. Eine nützliche Art des Trainings der Metakognition ist z. B. das Führen eines Lerntagebuches. Eine andere Art, eine metakognitive Reflexion anzubahnen, besteht in der Formel:

„Wenn es mein Ziel ist, … zu lernen, dann mache ich …"

Beispiel: „Wenn es mein Ziel ist, mir die Grammatikregel zum Futur aus Lektion 4 einzuprägen, dann bilde ich zuerst so viele Beispielsätze im Futur, wie mir einfallen. Danach erzähle ich eine Fantasiegeschichte, die im Jahre 3000 spielt."

Mind map

Mind map, auf deutsch auch „Wortigel" oder „Ideenbaum" genannt, ist ein Assoziogramm. Es geht darum, zu einem Stichwort möglichst viele unterschiedliche Gedanken zu sammeln und diese so darzustellen, dass ihre Beziehungen untereinander zum Ausdruck kommen.

Bei einer *mind map* gibt es keine falschen oder richtigen Assoziationen. Jeder Lernende entwickelt sein individuelles Assoziogramm (vgl. Beispiele auf den Seiten 18, 26 und 32).

offener Unterricht / offene Lernsituationen

Die Offenheit des Unterrichts wird bestimmt durch den Grad der Zurücknahme der Steuerung durch die Lehrerin oder den Lehrer (Fremdsteuerung) und durch den Grad der Zunahme der Selbststeuerung durch die Lernenden. Endziel des offenen Unterrichts sind autonom Lernende (→ autonomes Lernen), die zwar in den meisten Fällen in der Absolutheit des Begriffes nur ein virtuelles Ziel bleiben, das jedoch Lehrenden und Lernenden für die Gestaltung von Lern-/Lehrsituationen eine Orientierung bietet. Autonomie, Selbststeuerung, Selbstverantwortung für das individuelle Lernen (→ Individualisierung) können im unterrichtlichen Kontext vor allem dann gefördert werden, wenn die Lernenden ihre individuellen

Antworten auf das *Was?*, das *Wie?* und das *Wozu?* des Lernens finden. Offene Lern-situationen können – sofern Lernende und Lehrende noch keine großen Erfahrungen damit haben – zunächst im frontalen Unterricht angebahnt werden, indem bei jeder Möglichkeit geprüft wird, ob nicht die Lernenden selber eine Entscheidung über ihr Lernen treffen oder einen Lernschritt selbstständig initiieren, durchführen und kontrollieren können.

Beispiel: Das Semantisieren neuer Vokabeln bei der Einführung eines neuen Lektionstextes braucht nicht ausschließlich durch die Lehrkraft zu geschehen. Gibt man den Lernenden die Chance, Wortbedeutungen, ihre Schreibweise oder ihre Aussprache – da, wo möglich – selber herauszufinden, üben sie sich in Erschließungstechniken, die ihnen für ihr weiteres Lernen sehr nützlich sein können. Nach solchen und anderen kleinen Hinführungen zu mehr Selbstständigkeit können dann schrittweise das Lernen im → Lernzirkel, das Lernen mit dem → Wochenplan, das Lernen an → Stationen, das Lernen in der → Lernwerkstatt und die → Freiarbeit als Arbeitsformen eingeführt werden.

prozedurales Wissen

Neben dem → deklarativen Wissen, das sich auf die Beherrschung von Fachwissen, z. B. Wortschatz, Grammatik, Landeskunde, bezieht, gibt es das prozedurale Wissen, das Einsichten über Lernverfahren, über das Lernen des Lernens umfasst. Kognitive, affektive und soziale Lernstrategien stehen hier im Mittelpunkt. Das prozedurale Wissen ist ein ebenso gleichwertiger Lerngegenstand des Deutschunterrichts wie das deklarative Wissen.

Schlüsselwörter

Schlüsselwörter sind die Kernbegriffe, die z. B. beim Lesen oder Hören eines Textes die inhaltlich tragenden, die wichtigsten Wörter sind. Sie sind es, die beim Anfertigen von Notizen niedergeschrieben werden. Schlüsselwörter sind – insbesondere bei fremdsprachlichen Texten – diejenigen, die den Kontext eines Satzes oder eines Absatzes ausmachen und die beim Erschließen von Wortbedeutungen eine Hilfe sind. Von den Wortarten her handelt es sich meist um Eigennamen, Substantive, Adjektive oder Verben.

Oft ist es jedoch ein Problem für die Lernenden zu identifizieren, welches die wichtigsten Wörter eines Satzes, eines Textes sind. Gezielte Übungen, z. B. das (legale!) Anfertigen von „Spickzetteln", können hier helfen.

Stationenlernen

Ähnlich wie beim Lernen im → Lernzirkel stellt die Lehrerin bzw. der Lehrer verschiedene Stationen (Arbeitsaufträge und dazugehörige Materialien) zu einem vorgegebenen oder mit den Lernenden vereinbarten Thema bereit. In der Regel handelt es sich um etwa vier bis acht Stationen – je nach verfügbarer Zeit. Die Lernenden haben die Aufgabe, alle oder manchmal auch nur einen Teil der Stationen zu bearbeiten. Sie entscheiden selber, womit sie beginnen und was sie zum Schluss bearbeiten wollen. Sie wählen selbst Lern- und Arbeitsmaterialien wie auch ihre Lernpartner aus. Sie bestimmen auch die Zeit, die sie für jede einzelne Station aufbringen wollen. Die Arbeitsergebnisse werden im Plenum dargestellt und besprochen. Im Vergleich zum → Lernzirkel handelt es sich hier um eine noch offenere Form des Lernens.

Subjektorientierung → Individualisierung

Verarbeitungstiefe

Verarbeitungstiefe beim Lernen bedeutet, in welchem Grade ich mir den Lernstoff zu eigen mache und ihn verinnerliche. Lerne ich ihn nur oberflächlich, so dass ich ihn gerade bis zur nächsten Deutschstunde behalten kann? Oder lerne ich ihn so gründlich und so intensiv, dass ich ihn auch nach langer Zeit noch zur Verfügung habe? Die Festlegung der gewünschten Verarbeitungstiefe zieht weitere Entscheidungen nach sich, z. B. über die Dauer der Lernzeit, über die Unterschiedlichkeit und Abfolge der Lernstrategien oder über die Auswahl von Lernmaterialien und Lernpartnern.

Wochenplanarbeit

Bei der Arbeit nach einem Wochenplan (oder unter Berücksichtigung der Unterrichtszeit: nach einem Arbeitsplan) erhalten die Lernenden ein Thema zur Bearbeitung, das oft komplexer ist, zu dem verschiedene Arbeitsschritte notwendig sind und das meist im Rahmen einer festgelegten Zeit, z. B. einer Woche, bearbeitet werden muss. Oder sie erhalten von der Lehrerin bzw. dem Lehrer einen Arbeitsplan, in dem bereits mehrere kleinere Aufgaben aufgeführt werden. Sie haben nun – anders als im → Lernzirkel – die Möglichkeit darüber zu entscheiden, in welcher Reihenfolge sie die Aufgaben bzw. die Teilschritte einer Aufgabe bearbeiten wollen. Sie entscheiden, wie viel Zeit sie jeweils einplanen, mit wem sie zusammen arbeiten und welche Arbeits- und Lernmittel sie einsetzen wollen.

Nach der Bearbeitung eines Teils der Aufgaben und der Selbstkontrolle an Hand des Lösungsschlüssels tragen sie in ihrem Wochenplan ein, welche (Teil-)Aufgaben sie bereits erledigt haben und legen selbstständig die benutzten Lernmittel zurück. Danach bearbeiten sie die restlichen Aufgaben des Arbeitsplanes.

Literaturverzeichnis

Bach, G.; Timm, J.-P. (Hrsg.): *Englischunterricht. Grundlagen und Methoden einer handlungsorientierten Unterrichtspraxis.* Francke: Tübingen ²1989.

Baur, R. S.: *Die Berücksichtigung verschiedener Lerntypen im Fremdsprachenunterricht.* In: Ehlers, S. (Hrsg.): *Lerntheorie – Tätigkeitstheorie – Fremdsprachenunterricht.* Goethe Institut: München 1995, S. 151–173.

Beyer, G.: *So lernen Schüler leichter. Gedächtnis- und Konzentrationstraining.* Econ Verlag: Düsseldorf, Wien 1984.

Bimmel, P.; Rampillon, U.: *Lernerautonomie und Lernstrategien. Fernstudieneinheit.* Goethe Institut/Langenscheidt: München 1999.

Breitinger, G.; Mandl, H.: *Impulse zum Weiterlernen. Einstieg in das selbstgesteuerte Lernen.* PLS- Verlag: Bremen 1992.

Doyé, P.: *Typologie der Testaufgaben für den Englischunterricht.* Langenscheidt-Longman: München 1986.

Doyé. P.: *Typologie der Testaufgaben für den Unterricht Deutsch als Fremdsprache.* Langenscheidt: Berlin und München 1988.

Düwell, H.: *Der Fremdsprachenlerner.* In: Bausch, K. R.; Christ, H.; Krumm, H.-J. (Hrsg.): *Handbuch Fremdsprachenunterricht.* Francke: Tübingen, Basel ³1995, S. 166–171.

Edelhoff, Ch. (Hrsg.): *Kommunikativer Englischunterricht. Prinzipien und Übungstypologie. Ein Handbuch für Lehrer.* Langenscheidt-Longman: München ²1996.

Fatzer, G.: *Ganzheitliches Lernen.* Junfermann Verlag: Paderborn 1990.

Grotjahn, R.: *Lernstile und Lernstrategien: Definition, Identifikation, unterrichtliche Relevanz.* In: *Der Fremdsprachliche Unterricht/Französisch* Heft 34, 1998, S. 11–15.

Haudeck, H.: *Bewußtmachung von Lernstrategien im Grammatikbereich am Beispiel von Negation und Interrogation.* In: *Fremdsprachenunterricht* 40/49, 1996, S. 419–425.

Haudeck, H.: *Lernstrategien und Lerntechniken für Schüler.* In: Timm, J.-P. (Hrsg.): *Englisch lernen und lehren. Didaktik des Englischunterrichts.* Cornelsen: Berlin 1998, S. 342–351.

Häussermann, U.; Piepho, H.-E.: *Aufgabenhandbuch. Deutsch als Fremdsprache. Abriß einer Aufgaben- und Übungstypologie.* iudicium, München 1996.

Holzkamp, K.: *Lernen. Subjektwissenschaftliche Grundlegung.* Campus: New York, Frankfurt 1993.

Klippel, F.: *Systematisches Üben.* In: Timm, J.-P. (Hrsg.): *Englisch lernen und lehren. Didaktik des Englischunterrichts.* Cornelsen: Berlin 1998, S. 333–341.

Jenfu, N.: *Aufgabe und/oder Übung? Betrachtungen zu einem Begriffspaar – mit praktischen Beispielen.* In: *Fremdsprache Deutsch*, 10/1994, S. 14–17.

Kiel, E.: *Elemente einer Propädeutik des Fremdsprachenlernens.* In: *Fremdsprachen und Hochschule*, Bochum 1994, S. 51–69.

Kolb, D. A.: *Learning Style Inventory. Technical manual.* Boston 1985.

Legutke, M.; Thomas, H.: *Process and Experience in the Language Classroom.* Longman: London, New York 1991.

Müller, K. (Hg.): *Konstruktivismus. Lehren – Lernen – Ästhetische Prozesse.* Luchterhand: Neuwied, Kriftel, Berlin 1996.

Momberg, J.: Leserbrief an die Zeitschrift Der Fremdsprachliche Unterricht/Englisch. In: *Der Fremdsprachliche Unterricht/Englisch*, Heft 3, 1996, S. 50.

Multhaup, U.: *Psycholinguistik und fremdsprachliches Lernen. Von Lehrplänen zu Lernprozessen.* Max Hueber Verlag: Ismaning 1995.

Neuner, G.: *Aufgaben und Übungsgeschehen im Deutschunterricht.* In: *Fremdsprache Deutsch*, 10/1994, S. 6–13.

Neuner, G.; Krüger, M.; Grewer, U.: *Kommunikativer Englischunterricht. Prinzipien und Übungstypologie.* Langenscheidt-Longman: München ²1996.

Nodari, C.: *Autonomiefördernde Aufgaben im Fremdsprachenunterricht. Versuch einer Typologie.* In: *Fremdsprache Deutsch*, 10/1994, S. 39–43.

Nodari, C.: *Perspektiven einer neuen Lernkultur. Pädagogische Lehrziele im Fremdsprachenunterricht als Problem der Lehrwerkgestaltung.* Sauerländer: Aarau, Frankfurt, Salzburg 1995.

Piepho, H.-E.: *Aufgaben als hermeneutische Chance der Lernenden im Fremdsprachenunterricht.* In: *Fremdsprache Deutsch*, 10/1994, S. 21.

Rampillon, U.: *Fremdsprachen lernen – aber wie?* In: *Neusprachliche Mitteilungen*, Heft 2, 1986, S. 73–79.

Rampillon, U.: *Das Lernen des Lernens fremder Sprachen: Die Vokabelkartei.* In: *Der Fremdsprachliche Unterricht/Englisch.* Heft 1, 1995, lose Beilage.

Rampillon, U.: *Lerntechniken und Lernstrategien im Fremdsprachenunterricht. Handbuch.* Max Hueber Verlag: Ismaning ³1996.

Rampillon, U.; Zimmermann, G. (Hrsg.): *Strategien und Techniken beim Erwerb fremder Sprachen.* Max Hueber Verlag: Ismaning 1997.

Rampillon, U.: *Lernen lernen – mit System. Gedanken zu einer Aufgabensammlung für die Förderung selbstgesteuerten Fremdsprachenlernens.* In: Goethe Institut (Hrsg.): *Neues Lernen – selbstgesteuert, autonom.* München 1997.

Rampillon, U.: *Be aware of awareness – oder: Beware of awareness? Gedanken zur Meta-kognition im Fremdsprachenunterricht der Sek. I.* In: Zimmermann, G., Rampillon, U. (Hrsg.): *Strategien und Techniken beim Erwerb fremder Sprachen.* Max Hueber Verlag: Ismaning 1997.

Rampillon, U.: *Lernen leichter machen. Deutsch als Fremdsprache.* Max Hueber Verlag: Ismaning ²1998.

Rug, W., Neumann, Th., Tomaszewski, A.: *50 praktische Tipps zum Deutschlernen.* Klett Edition Deutsch: München 1992.

Schrader, J.: *Lerntypen bei Erwachsenen. Empirische Analysen zum Lernen und Lehren in der beruflichen Weiterbildung.* Deutscher Studien Verlag: Weinheim 1994.

Schwerdtfeger, I. C. (³1995): *Arbeits- und Übungsformen: Überblick.* In: Bausch, K. R.; Christ, H.; Krumm, H.-J. (Hrsg.): *Handbuch Fremdsprachenunterricht.* Francke: Tübingen, Basel ³1995, S. 223–226.

Sperber, H. G.: *Mnemotechniken im Fremdsprachenerwerb.* judicium: München 1989.

Timm, J.-P. (Hrsg.): *Englisch lernen und lehren. Didaktik des Englischunterrichts.* Berlin: Cornelsen, Berlin 1998.

Tomaszewski, A., Rug, W.: *Meine 199 liebsten Fehler. Ausgangssprache Englisch.* Klett Edition Deutsch: Stuttgart 1996.

Tönshoff, W.: *Kognitivierende Verfahren im Fremdsprachenunterricht. Formen und Funktion.* Kovac: Hamburg 1992.

Vester, F.: *Denken, Lernen, Vergessen. Was geht in unserem Kopf vor, wie lernt das Gehirn und wann läßt es uns im Stich?* dtv: München ⁹1992.

Wendt, M.: *Fremdsprachenlernen ist konstruktiv.* In: Der Fremdsprachliche Unterricht/Französisch, Heft 32, 1998, S. 4–11.

Weskamp, R: *Üben und Übungen.* In: *Praxis des neusprachlichen Unterrichts,* Heft 2, 1995, S. 121–126.

Westhoff, G.: *„Kommunikative" Strukturübungen – Kriterien und Beispiele.* In: *Zielsprache Deutsch,* 4/1991, S. 206–215.

Quellenverzeichnis

Seite 9: *Schülerrückmeldungen zum Lernen mit Karteien.* Aus: *Der Fremdsprachliche Unterricht/Englisch,* Heft 3, 1996, S. 50.

Seite 15: *Lerntechniken und sprachliche Teilkompetenzen.* Nach: Rampillon, U.: *Lerntechniken im Fremdsprachenunterricht. Forum Sprache.* Max Hueber Verlag: Ismaning 1996.

Seite 35: *Lernertypen nach Kolb.* Aus: Fatzer, G.: *Ganzheitliches Lernen.* Junfermann Verlag: Paderborn 1990, S. 232.

Seite 44/58/68/115: *Selbsteinschätzungsbogen/Wie andere lernen/Arbeitsblatt zur Grammatik/Arbeitsblatt zu Sprachformen.* Aus: Bimmel, P.; Rampillon, U.: *Lernerautonomie und Lernstrategien. Fernstudieneinheit.* Goethe Institut/Langenscheidt: München 1999.

Seite 46: Foto: Ute Rampillon

Seite 60: Meyer, M. A.: *Selbstbestimmt und selbstbewusst, Heinrich Schliemann als Fremdsprachenlerner.* Aus: Friedrich Jahresheft XV.

Seite 61: Foto: Foto Huber, Radolfzell

Seite 60: Foto: Ute Rampillon

Seite 63: Foto: © Roger Rössing, Leipzig

Seite 64: Zeichnung aus: Beyer, G.: *So lernen Schüler leichter. Gedächtnis und Konzentrationstraining.* Econ Verlag: Düsseldorf, Wien 1984, S. 94.

Seite 76: Darstellung nach: Latour, B.: *Mittelstufengrammatik für Deutsch als Fremdsprache.* Max Hueber Verlag: Ismaning 1988.

Seite 78: Abbildung aus: *Themen neu, Kursbuch 1.* Max Hueber Verlag: Ismaning 1992.

Seite 101/102: Artikel aus: *Allgemeine Zeitung Bingen,* 9.11.96/16.4.96.

Seite 104: Bimmel u.a.: *So isses 2. Arbeitsbuch.* Den Bosch: Malmberg 1993, S. 21

Seite 105: Darstellung nach: Legutke, M.; Thomas, H.: *Process and Experience in the Language Classroom.* Longman: London, New York 1991.